VOYAGES

DE

Léon Godefroy

EN

GASCOGNE, BIGORRE & BÉARN

— 1644-1646 —

PUBLIÉS & ANNOTÉS

PAR

LOUIS BATCAVE

PARIS
PICARD, LIBRAIRE-ÉDITEUR
Rue Bonaparte

PAU
Veuve RIBAUT, LIBRAIRE
3, Rue Henri Lacaze

1899

VOYAGES DE LÉON GODEFROY

VOYAGES

DE

Léon Godefroy

EN

GASCOGNE, BIGORRE & BÉARN

— 1644-1646 —

PUBLIÉS & ANNOTÉS

PAR

LOUIS BATCAVE

PAU
IMPRIMERIE VIGNANCOUR — PLACE DU PALAIS
—
1890

INTRODUCTION

I. *L'Auteur*. — Léon Godefroy, fils de Théodore Godefroy, naquit à Paris le 17 septembre 1616. Après avoir achevé ses humanités dans la ville de Toulouse, célèbre par ses écoles, il prit ses grades jusqu'au doctorat en théologie et devint, en 1643, chanoine de l'église collégiale et paroissiale de St-Martin de Montpezat en Quercy, où il mourut probablement en 1694 (1), après avoir fondé, le 25 août 1671, une procession destinée à être célébrée chaque année, la veille de l'Ascension, à six heures du soir, autour de la nef de cette église, par tout le chapitre chantant.

Cette œuvre, à laquelle était affectée une somme de cent livres, fût acceptée dans l'acte par les chanoines réunis en assemblée générale, Gabriel de Richat étant à la tête du chapitre (2).

On s'étonnera peut-être de rencontrer en ce coin éloigné de France le descendant d'une race de savants historiens. Une lettre latine du 30 août 1637, datée de Toulouse, qui se trouve à la Bibliothèque de l'Institut, carton 219, écrite par Léon Godefroy à son père et citée par M. de Godefroy-Mesnilglaise, nous apprend qu'il avait été obligé de redoubler sa rhétorique, motif qui lui faisait préférer Toulouse à Paris : « S'il est venu chercher l'instruction aussi loin, c'est qu'étant peu avancé pour son âge, il souffrait de se montrer à Paris moins instruit que la réputation de science de sa famille ne le voulait. Il aurait aimé ne revenir que pour entrer en théologie. Il va visiter quelques villes voisines de Toulouse et passer les vacances à la campagne, emportant des livres pour remplir ses loisirs. » Cela explique pourquoi il a voulu vivre obscur chanoine d'une antique collégiale, alors que son père eût facilement obtenu pour lui une grasse abbaye ou quelque riche bénéfice.

II. *Son goût des voyages*. — Car, Léon Godefroy, ainsi qu'il se le promettait, aima à voyager. M. de Godefroy-Mesnilglaise ne parle que du voyage de Toulouse à Paris en août 1638 qui se trouve à la Biblio- de l'Institut n° 220 et à la Bibliothèque Nationale n° 835746. Il a ignoré la collection que possède la Bibliothèque Mazarine sous le n° 4981 (7 sexies H. F.) (3). On voit Léon Godefroy aller successivement au

(1) De Godefroy-Mesnilglaise : *Les savants Godefroy*. Mémoire d'une famille pendant les XVIe, XVIIe et XVIIIe siècles. Paris, 1873 in-8°. — Léon Godefroy, chanoine, p. 140-147.

(2) Moulenq : *Documents historiques sur le Tarn-et-Garonne*, plus bas cités, t. 1, p. 406.

(3) H. Martin : *Catalogue des manuscrits de la Bibliothèque de l'Arsenal*. Paris, Plon, 1888, p. 520.

Hâvre (f° A), en Auvergne et en Quercy (f° 3), en Angleterre par la Flandre et la Hollande (f° 11), à l'abbaye du Val (f° 39), au château de Bois-le-Comte (f° 50), recueillir les choses les plus remarquables du Limousin (f° 57), pérégriner en Quercy (f° 75), enfin décrire la Normandie (f° 83). Un gascon, Besson, lui servait de compagnon de route.

III. *Voyages en Gascogne, en Bigorre et en Béarn*. — Il entreprenait en 1644 un voyage en Béarn, en traversant les départements actuels du Lot-et-Garonne, du Gers, des Hautes et des Basses-Pyrénées, avec, pour compagnon de route, un M. de Valent, frère du curé d'Escurès (Basses-Pyrénées), dont un troisième frère possédait des biens à Castelnau-Rivière-Basse. Il parlera, en un autre endroit, de son compagnon M. de Grange, ailleurs enfin « de ses compagnons. »

D'après l'énonciation du titre de sa promenade de 1646, il semble qu'en cette année il ait accompli un nouveau voyage en Béarn, à moins qu'il n'ait réuni des notes sur cette région dont, en 1644, il visita seulement une partie. Il énonce si peu qu'il a vu, qu'il était là, que telle chose lui advint !

Ces deux narrations se trouvent dans le volume de l'Arsenal précité et la première occupe 23 feuillets non paginés au verso, du f° 107 au f° 130, la seconde du f° 96 au f° 105.

L'écriture de Léon Godefroy est mauvaise. Ces notes semblent de préférence des brouillons, car les pages sont bien souvent râturées, biffées, interlignées ou ornées de notes marginales rendant parfois la lecture très-difficile. On a réuni des fragments souvent sans lien et qu'il a fallu souder pour l'intelligence du texte. Ainsi il a copié un passage du *Lys du Val de Guaraison* par E. Molinier qu'Arnaud de St Bonnet venait d'imprimer à Auch et qui ne se réfère à aucune partie de son voyage. On constate des blancs nombreux. Dans son excursion, il n'a pas eu le temps de s'enquérir des renseignements statistiques, des noms de personnages ou des dates qui trop souvent manquent : tout cela est resté inachevé et nous y avons suppléé autant que possible par des notes entre crochets. De plus, à la fin de son voyage de 1644, pour ce qui concerne le Béarn, Godefroy renvoie le lecteur au voyage de 1646. Peut-être alors n'a-t-il réuni les notes de son premier itinéraire qu'en achevant le second dont certaines phrases et quelques jugements sont identiques.

Ce manuscrit provient très-probablement de la Bibliothèque de la Ville de Paris. Fontette et Lelong (*Bibliothèque historique de la France*) au tome IV, supplément du tome I, mentionnent sous le n° 2308: « Voyage de Léon Godefroy à Toulouse : Msc. Voyage en Béarn et Quercy par le même » et ajoutent « Ces deux manuscrits sont conservés parmi les manuscrits de Messieurs Godefroy dans la Bibliothèque de la Ville de Paris, n°ˢ 220 et 222 ». On remarquera d'ailleurs que le manuscrit de l'Institut porte aussi le n° 220. Les mêmes auteurs inscrivent au tome V sous le n° 2308ᵉ « Voyage de Tolose, Béarn et Quercy par Léon Godefroy » et sous le n° 2311 « Voyage en France en 1657 ».

IV. *Itinéraire du premier voyage.* — Parti de Montpezat, le 29 août 1644, Godefroy se dirigera sur le Béarn en allant vers l'Ouest par une ligne droite, visitant Moissac, Lectoure le 30 et traversant l'Armagnac blanc pour arriver le 31 à Vic-Fezensac. Le 1er septembre, après une descente par Castelnau-Rivière-Basse il s'arrête jusqu'au 4 à Escurès d'où il poursuit sa route vers Pau par Morlaas. La capitale du Béarn le retint assez longuement car il la décrit ainsi que le parc du château avec détail. Après avoir parcouru Gan, Gelos, Nay, Coarraze où vit le souvenir du Béarnais, il visite Bétharram dans la ferveur de la fondation d'Hubert Charpentier. Puis, quittant cette chapelle le 7 septembre, à neuf heures du matin, il rentre à Pau à une heure pour se trouver à Escurès vers trois ou quatre heures. Bien qu'il soit muet sur les moyens de transport, il y a tout lieu de penser qu'il montait un cheval.

Le 8, repos à Escurès, mais le 9, départ pour Tarbes par Vic-Bigorre. Le 10 il va à Sévignac et retourne à Montaner et à Lembeye pour reposer le 11 à Escurès, d'où il repartait le 12 pour Morlaas, Pau et Lescar. Quittant cette ville le 13, il visitait Monein jusqu'à midi et revenait ensuite à Morlaas.

Puis c'est le retour par le chemin parcouru, le 14 d'Escurès à Castelnau-Rivière-Basse, d'où à Vic le 15, le 17 de Lectoure à Moissac et le 18 de Moissac à Montpezat.

V. *Intérêt et portée de son récit.* — Parlant du voyage de Toulouse à Paris, M. de Godefroy-Mesnilglaise écrit : « Son récit ne présente rien de bien remarquable, et n'est pas semé de réflexions d'une grande portée ; mais il est de quelque intérêt en ce qu'il décrit une multitude d'objets qui ont disparu, ou du moins bien changé de physionomie depuis deux siècles » (1). Telle n'est pas la seule instruction à tirer de ses voyages que de constater les changements survenus !

Léon Godefroy en effet semble s'être préoccupé de l'agriculture plutôt que de l'archéologie ou de l'histoire. Ne lui demandez pas d'éprouver de vives sensations d'art. Non ! Des statues du cloître de Moissac il vous dira avec naïveté : « Si ces pièces sont mal faites, il faut pardonner à la grossièreté des temps qui ne possédait pas l'art de la sculpture au point qu'on fait à présent ». Son admiration est courte. Il vous dira des châteaux qu'ils sont « beaux »; même celui de Pau ne l'arrêtera guère : tout au plus en notera-t-il les « beaux fenestrages », les « grosses tours », les tapisseries, le parc et la vue sur la plaine, mais sobrement et sans saluer au loin ce panorama les Pyrénées à la cime neigeuse, spectacle qui ravit superbement Lamartine (2). Il trouvera aussi les églises « belles » un peu comme les Parisiens usent de leur qualificatif « gentil », adjectif commode indiquant un sentiment admiratif de médiocre portée et par cela même vague, banal, imprécis et applicable à tout. Au point de vue historique il ne

(1) *Loc. cit.*, p. 145,
(2) Cfr. Taine : *Voyage aux Pyrénées* : La Vallée d'Ossau. IV. Quelques coups de pinceaux.

lui eût pas été fort difficile d'être plus renseigné, surtout pour le Béarn dont Marca notamment avait publié récemment l'histoire. A Lectoure, à Pau, il énumérera incomplètement les couvents et ne parler congrûment que de ces authentiques Cadets de Gascogne : les Fontrailles, les d'Espenan, les Roquelaure, les Tilladet. Par contre il décrira volontiers la façon de construire des Palois avec les galets du gave, il s'arrêtera complaisamment au récit de deux légendes fabuleuses, celle d'Orton à Coarraze et l'aventure de Bos de Bénac, ce chevalier croisé qui rajeunit la fiction d'Ulysse et de Pénélope. Mais ne lui en faisons pas grief. Un savant jurisconsulte béarnais du XVIIe siècle, Labourd, déclare celle-ci « véritable » et en tire argument dans l'interprétation de l'article 18 de la Rubrique : *De mari et femme* pour prouver le danger d'exercer le retour de dot lorsqu'il y a un absent. Avec un autre art, il est vrai, mais aussi avec d'autres sentiments, Taine a trouvé là matière à deux contes charmants (1).

Si l'intérêt des œuvres créées par la main de l'homme le retient médiocrement, il est plus sensible aux charmes des paysages qu'il traverse : Moissac, pays fertile, Lectoure, plateau élevé dominant des champs féconds, Pau et la plaine du Gave avec les coteaux de Jurançon où pendent les grappes dorées, Turbes et ses cultures variées. Il admire ces contrées gracieuses et les décrit cependant brièvement comme en une excursion trop rapide.

Au point de vue économique (agriculture, état social des paysans), il est plus complet bien que parfois fort naïf signalant les vastes prairies où se font les grands nourrissages, avec des vignobles au-dessous de la ville. Après le Mas d'Auvignon et la traversée de la Baïse entre Verdusan et la Mazère fort probablement, il entre dans l'Armagnac blanc pour venir bientôt à l'Armagnac noir en traversant Vic-Fezensac Or voici qu'il s'avise d'indiquer que cette qualification résulte pour ce dernier pays de ce qu'il est « moins fertil », produisant la mauvaise herbe que sont fougères et bruyères, dont cependant l'industrieux paysan sait tirer profit par des procédés d'une science agricole connue aux hommes primitifs, savoir : brûler les herbes, les réunir en tas pour en former du fumier : ce qui rend le blé noir (2). En 1646 il aura peut-être acquis de nouvelles connaissances et appris que le blé noir est le sarrazin, car il écrira qu'en Béarn « les paysans... bruslent les terres et fument de bruyères, après quoi semans leur bled, icelui ne produit point d'ivraie et (né) demeure aucunement noir. »

Il remarque dans le pays de Castelnau-Rivière-Basse le millet cultivé en ses diverses tailles avec des couleurs variées : rouge, jaune, blanc, gris et noir; dans le Pont-Long, les nourrissages des troupeaux des-

(1) *Loc. cit.* La Vallée de Luz II (d'après Froissard); Bagnères et Luchon I.

(2) Ducruc : *La culture des céréales dans le Bas-Armagnac (Rev. de Gasc., t. XXXI, 1890, p. 142)* : « Comme le blé exige un sol favorable et bien travaillé, cette culture n'a jamais pu s'étendre beaucoup dans le Bas-Armagnac. »

cendus de la montagne. Il énumère les vins de Jurançon et des côteaux, les marchés de Nay, la fabrication des peignes de buis de Coarraze, les gros marchés de Tarbes, les hautins de Vic-Bigorre formant palissade dans les champs et qui amènent cette réflexion amère : « Le paysan qui exige de la terre plus qu'elle ne peut donner, ne se contente pa d'avoir du mesme champ et du vin et du bois qu'il retire des arbres qu'on émonde chaque année, mais en outre par le vuide des arbres y sème ou du millet, ou du bled, ou des légumes. J'adjouste que tout y vient et que la terre satisfait à tant de différents désirs de ses maîtres, mais que pour cela ce qu'elle rapporte n'en vaut pas mieux. »

Sur la route de Sévignac, en sortant de Tarbes, il traverse « un paysage charmant et délicieux au dernier point, rempli de millets et de force vignes, vergers, lesquelles comme elles sont entourées de hayes fort espaisses sont tenues en belle disposition ni plus ni moins que des palissades. Cela est cause que nous nous imaginons estre dans des jardins continuels dont ces chemins sont les allées les plus délicieuses. » Et ce site enchanteur comme une description du *Télémaque* qu'allait écrire Fénelon, il le retrouve en allant vers Vic avec ces mêmes cultures : « C'est un jardin perpétuel ».

A l'autre extrémité, Lescar « a veue sur un fort beau et fertil pays ». En Béarn les millets d'Espagne ou de Bordeaux (maïs) sont hauts de dix à douze pieds et on en transforme la tige en échalas pour les vignes. En quelques années la force et la vigueur de la terre avaient singulièrement diminué, car l'intendant Lebret constatait à la fin du XVIIe siècle que « le bois de la tige, qui est assez mauvais fumier pour les terres labourables, en fait un excellent pour les prairies ». Aussi nourrissait-on force volatiles tels qu'oies, coqs d'Inde etc., et de gros porcs originaires du Quercy.

Dans cette petite Salente (1), quelle était la situation du paysan ? Certes, on a présente à l'esprit la description donnée par La Bruyère, trop sommaire et trop taillée à facettes pour paraître juste. Recherchons donc ce qu'il faut penser d'après ce récit d'un témoin oculaire.

Il y a dans cette région des changements de température brusques qui ruinent parfois les récoltes : en Béarn « l'air est trompeur. Les tonnerres y sont très-fréquents et plus effroyables qu'autre part pour le voisinage des montagnes, parmi lesquelles il semble se renforcer, s'entrechoquer et retentir plus vivement qu'en autres lieux. Aussi arrive-t-il des changements bien soudains dans le temps, se rencontrant souvent que d'une mesme journée la moitié ayant esté fort belle, tout à coup la foudre, tonnerre et grêles y surviennent. La plus belle

(1) Si on consulte le *Voyage en France pendant les années de 1787-88-89* de Young (Paris : 1860 2 vol. in-18), notamment t. I. p. 72 on verra que le célèbre américain notait l'aisance du béarnais : « Nous sommes en Béarn à quelques milles du berceau d'Henri IV ; serait-ce de ce bon prince qu'ils tiennent tant de bonheur ? Le génie bienveillant de cet excellent monarque semble régner encore sur le pays ; chaque paysan y a la poule au pot ».

saison dont il jouisse est l'automne, lequel par excellence on appelle automne béarnois ». Malgré ces maux passagers, encore trop fréquents aujourd'hui, une certaine aisance règne dans les campagnes puisqu' « il y a, dit Godefroy, des paysans si riches qu'ils ont jusqu'à dix mille francs aux intérêts ». Eu égard au pouvoir actuel de l'argent il faut bien multiplier ce chiffre par quatre.

Sur l'alimentation point de détails : les animaux élevés en fournissaient le fonds, mais il ne parle pas de la méture. Il célèbre les truites de la région et note que « le pays est autant propre à la chasse que pays qui soit ». A Pau toutefois les vivres sont chers.

Avant de finir revoyons avec lui les types de paysans des diverses régions parcourues.

Dans l'Armagnac « le peuple est aussi humble qu'il se puisse. Il porte des berrets et capes; il y est extrêmement basanné (1) pour ne dire tout à fait noir, de plus qu'il semble affecter la laideur et la difformité en se faisant raser entièrement comme il fait si bien que ny à la teste, ny aux menton et lèvres vous ne voyez aucun poil. Les hommes se couvrent la teste de calottes grandes qu'ils appellent berrets. Les femmes se la couvrent de coiffure simple en la façon et manière qu'ils appellent sacotte. C'est une pièce de toile assez longue qui par un bout est pliée en deux et cousus par ensemble comme si on voulait faire un sac. Après eslargit-on lesdits costés sans autre artifice. Cela se met sur leur teste, le soumet d'iceux montrant une pointe comme une des cornes d'un sac et les joues avec une partie des espalles (épaules) estant couvertes des pendants desdites sacottes. D'autres importent des draps de diverses couleurs, quelques unes mesme y adjoustent quelques petits ornemens de filets bleus conduits en manière de broderie, mais c'est en autre contrée que dans l'Armagnac. Les petits enfans et mesme les filles vont nue teste (2) ».

Dans la région tarbaise « le peuple s'habille pour la pluspart d'estoffes teintes en bleu, (et les gens) ont leurs hauts de chausses fort plissés et portent de petites fraises avec des bonnets plats, si bien qu'il y a là suffisamment pour les comparer à ces Suisses. » (3).

Plus complet est le portrait du béarnais : « Le peuple de cette ville (Pau) comme aussy de beaucoup d'endroits du Béarn y est beau à

(1) Le voyage fut effectué fin août à une époque chaude et succédant aux chaleurs d'été les plus fortes.
(2) Le *berret*, tricoté et foulé à Nay ou à Oloron, est généralement de couleur bleue ou marron foncé, les montagnards affectionnant de préférence celle-ci. — La *cape*, manteau à capuchon d'étoffe très-épaisse de laine blanche ou brune dont se couvrent surtout les pasteurs. — La *sacotte* ou capulet. — Godefroy paraît peu ravi du type de ces régions. Taine retrouve dans ces paysans maigres et rabougris l'influence d'un sol tourmenté. On lira avec curiosité la description de Voisenon. (Taphanel : *Voisenon à Cauterets*. Versailles. 1877.)
(3) Cette comparaison est inspirée à beaucoup de voyageurs. Young inscrira cette remarque : « Les hommes portent des bonnets rouges comme les montagnards d'Ecosse. »

merveille. J'appelle beauté une blancheur égale à la neige et une belle proportion du corps. »

« Les habitants de Béarn s'appellent Béarnais et par sobriquet Bernicots (1), lequel mot je pense signifie quelque injure. Ils sont frais et blancs tant pour estre voisins des montagnes qui les mettent à l'abry des ardeurs du soleil et leur entretiennent une continuelle fraîcheur, que pour user beaucoup de laitages. D'ailleurs ils sont gais. Leur langage s'approche fort de celuy de Gascongne, néanmoins celuy-cy me semble plus agréable. On les accuse d'être doubles et dissimulés. Je les ay remarqués humbles au dernier point avec les personnes qui paroissent tant soit peu. Les deux religions y sont en exercice. Cydevant le nombre des huguenots était incontestablement plus grand que celuy des catholiques. Ils ont cette coustume qu'un père venant à mourir sans faire testament, son aisné est toujours héritier, les autres n'estants que légitimaires.

« Pour les villageois ils sont extrêmement laborieux jusques là que les garçons porchers ou bergers, en gardant leurs troupeaux, ont des quenouilles à leur costé et filent. Les hommes y portent des capes (mandils) ou hocquetons et de grands bonnets plats sur la teste, avec des petites fraisettes au col : usans d'ailleurs en leurs autres habits, quasi de la seule couleur blanche.

« Pour les femmes vous diriez qu'elles soyent toutes des religieuses : en imitant comme elles font leur façon de s'habiller. C'est principalement dans le Bibilh ou j'ay faict ces remarques. Et je présume qu'en autres parts du Béarn le mesme se faict. Ces mesmes portent des cottes plissées et froncies par derrière. Mesme la façon de laquelle elles portent leurs ceintures est plaisante, car elles nouent leurs dictes ceintures par derrière et là s'y laissent pendre jusqu'aux talons les bouts des dictes ceintures ou rubans. Aussi portent-elles à leurs gorges des petits ouvrages d'un tissu de fil appelé des georgeasses et ce pour les couvrir à la veue du monde. Il est vray que ce ne sont que les femmes du vulgaire qui le facent et ce non plustot qu'elles ne soyent mariées. Donc, tandis qu'elles sont filles, vous les voyez sans tels ornements, mais dès le lendemain qu'elles se sont mariées, après s'estre faict coupper tous les cheveux, elles se couvrent le sein, et à leur gorge mettent le susdict tissu, rendant par là ces pauvres créatures quasi méconnaissables à leurs parens et à elles-mêmes. Or par telle cérémonie elles ne prétendent signifier autre chose sinon qu'ayant eu le bien de plaire à celuy qu'elles ont pour mary, elles veulent rejetter de dessus elles tout ce qui leur pourrait attirer les affections d'autrui.

« Quant à ce qui est de la coiffure de telles femmes on l'appelle sacotte. Or comme les femmes et filles en usent indifféremment, afin qu'on reconnaisse les unes d'avec les autres, les femmes portent la

(1) Ce n'est pas *bearnesot*, petit béarnais de rien, mais *bernicot* qu'il écrit, de *bernic*, minutieux, tatillon, susceptible, inquiet.

leur eslevée par le moyen d'un hocquet qu'on appelle cero (1) et les filles le portent plat. Elles sont extrémement propres et surtout les villageoises qui se parent et se tiennent mieux ornées (si vous voulez) que ne sont nos damoiselles.) »

A Nay il remarque encore cette couleur bleue que les paysans affectionnent toujours pour leurs vêtements. Il note que Sauveterre « est une ville renommée pour la beauté et la propreté des Béarnaises. » Un siècle et demi environ après lui Arthur Young parcourant ces régions depuis Monein écrira aussi : « Partout on respire un air de propreté, de bien-être et d'aisance qui se retrouve dans les maisons. »

Ainsi tandis que l'Armagnac noir lui apparaissait sous des couleurs sombres, le Béarn et le pays de Tarbes lui laissaient une impression favorable.

VI. *Annotation du récit de Godefroy*. Il reste enfin à nous expliquer sur la façon dont nous avons annoté les voyages de Godefroy. On pouvait les publier tels qu'ils étaient en abandonnant aux lecteurs curieux le soin de rechercher les références concernant le sujet. Tel n'a pas été notre souci. Muni de la vieille carte de ces régions dressée par Delisle, nous avons pris intérêt à l'itinéraire du voyageur, recherchant dans les volumes, brochures ou revues parus ce qu'étaient les villes, les monuments, les châteaux ou les personnages dont il parlait, contrôlant ainsi ses données. Nous avons pensé alors que plus d'un lecteur serait a seaussi de vérifier les observations de l'auteur. Peut-être trouvera-t-on ces notes trop abondantes. Il était presque difficile de se borner : on a tant écrit, de nos jours principalement, sur la Gascogne et cependant toutes les revues, ou brochures, tous les volumes ne se trouvent point à la portée de chacun. Entre les périodiques la *Revue de Gascogne* que dirige avec tant de supériorité le savant doyen de la Faculté libre des Lettres de Toulouse, M. L. Couture, a étudié presque tout le champ de nos investigations : on en jugera à l'abondance de nos références. Si donc quelque lecteur était tenté de nous reprocher ce que nous avons estimé un devoir d'honnêteté et de bienséance pour lui, il voudra bien nous excuser en dédaignant ces notes mises au bas des pages et en réfléchissant qu'elles pourront être utiles ou simplement agréables à un autre. Ainsi chacun sera satisfait.

Orthez 24 septembre 1898.

(1) Cercle.

VOYAGE DU BÉARN ET BIGORRE

ES MOIS DE AOUST ET SEPTEMBRE 1644

Ayant médité dès longtemps le voyage dont est question, il ne restait qu'à rencontrer un compagnon lequel ayant enfin trouvé, nous partismes de Monpezat (1) qui est une petite ville du Quercy le 29 aoust 1644. Et ce sur les huit heures du matin. De Monpezat nous nous rendismes aux villages d'Espanet (2) ou il y a un assez beau chasteau et a Mouillères (3) qui est sur le grand chemin de Tolose à Paris. De là a S. Arthenie (4) jusques où pour nous rendre nous eusmes souvent a monter et descendre, jouissant d'ailleurs de la vue d'un beau, bon et fertil pays.

De ce dernier lieu nous vinsmes au village de St-Michel (5). ensuite passâmes près d'un bon prieuré nommé Francon (6) qui du bastiment paroit assez quoyque vieil, et est situé dans des grandes prairies et près des bois.

En poursuivant plus outre nostre chemin fut le plus souvent par des vastes prairies où se font de très grands nourrissages aux costés desquels nous avons un paysage autant diversifié qu'il se puisse, fort de vignobles, de terres labourables, chanvres et arbres fruitiers en très grande abondance. Avec ces charmes naturels et continuels, nous nous rendîmes à

MOISSAC

l'une des meilleures villes du Quercy à l'extrémité de laquelle

---

(1) Chef-lieu de canton de l'arrondissement de Montauban (Tarn-et-Garonne). Pour ce département nous renvoyons surtout au travail de M. Moulenq : *Documents historiques sur le Tarn-et-Garonne*, Montauban : Forestié, t. I 1879 ; t. II 1880 ; t. III 1885 ; t. IV 1896. Sur Montpezat, voir t. I, p. 394 ; t. II, p. 283.

(2) Espanel : cᵉᵉ de Molières. Moulenq, t. II, p. 214.

(3) Molières, chef-lieu de canton, arrondissement de Montauban (T.-et-G.). Moulenq, t. II, p. 211 : Curie-Seimbres, *Essai sur les villes fondées dans le S.-O. sous le nom générique de bastides*. Toulouse, Privat, 1880, p. 223.

(4) Ste-Arthemie sur le territoire de laquelle fut fondée Molières.

(5) St-Michel du Ra ou des Lials, archiprêtré de Montpezat. Moulenq, t. I, p. 159.

(6) Prieuré collégial de l'Ordre de Grand-Mont, au diocèse de Cahors, d'après l'*Histoire du Quercy* de Raphaël Périé (t. II, 489 à 491). Les prieurés de Cahors, Dignasés et de Bois-Menon en Quercy lui étaient soumis. Moulenq, t. I, p. 439.

province elle est située estant fort proche de l'Agenois et du Languedoc. La rivière du Tarn qui vient du Rouergue et de l'Albigeois la trouve à son passage quasi sur la fin de son cours sçavoir est à demi-lieue plus haut que l'endroit appelé la pointe de Moissac où elle se descharge dans la Garonne (1). Comme elle se trouve icy sur sa fin aussi a-t-elle une fort belle largeur et un canal bien profond, lequel capable de porter de grands basteaux en montre souvent, au port de Moyssac, une grande quantité de ceux qui y descendent de l'Albigeois entre autres de Gaillac et du Quercy, scavoir est de Montauban conduisant dans iceux entre autres choses les vins renommés de Gaillac, les bleds du Quercy et les prunes dites de St-Antonin (2) a si grande quantité que, le spécifiant, j'aurois peine d'estre cru.

Nous reste a dire que cette rivière se traverse en des batteaux pour avoir esté son pont ruiné (3) pendant les guerres. Les restes qui sont dedans l'eau et interrompent son canal montrent ce qu'il estoit et donnent lieu de détester la fureur des guerres civiles.

Je ne dois obmettre que cette rivière est merveilleusement agréable et qu'en ce point elle correspond fort bien à la fertilité, beauté et bonté du paysage voisin qui est riant, agréable et aymable autant qu'autre qui soit.

Vous avez ici tout ce qui se peut désirer touchant la situation de la villa pourveu que j'y adioucte qu'il est du tout en plaine.

L'enceinte de la ville est médiocre. Ses murailles sont de brique, ses rues sont bien larges et nettes (4). Ses paroisses sont au nombre de trois (5), outre lesquelles il y a un couvent de Récollets (6) et, dans le fauxbourg, des religieuses de Ste-Claire (7).

(1) Moissac, chef-lieu d'arrondissement (T.-et-G.) : « Le Tarn se réunit à la Garonne, rive droite, par environ 55 m. d'altitude, à quelques kilomètres au-dessous de Moissac. » O. Reclus : *La Géogr. de la France, de l'Alg. et des Colonies*, 2e éd., p. 199. — Lagrèze-Fossat : *Etudes historiques sur Moissac*. Paris, Dumoulin, 1870, 1872, 1874 ; t. I, p. 1.

(2) Gaillac : « Au temps de la domination anglaise, le centre de production des vins les plus estimés de tout le bassin de la Garonne » dit E. Reclus : *La France*, 1879, p. 458, citant l'*Histoire du commerce de Bordeaux* de Francisque Michel. — Encore aujourd'hui le commerce des blés y est important , car E. Reclus appelle Moissac « l'un des marchés régulateurs des grains pour la France entière. » *Loc. cit.*, p. 457 ; Lagrèze-Fossat, t. II, p. 128. — St-Antonin, chef-lieu de canton de l'arrondissement de Montauban (T.-et-G.), Moulenq, t. I, p. 408.

(3) Lagrèze-Fossat, t. I. p. 22.
(4) Id. pp. 13, 15, 19, 26.
(5) Id. p. 57.
(6) Fondé dès les premières années du XVIIe s. Id. p. 56.
(7) Fondées en 1624, p. 56.

Mais ce qui emporte par dessus tout c'est la célèbre et fameuse abbaye qui s'y void (1). L'ordre duquel elle est, est St Benoist. De qui elle tient sa fondation, est de Pépin. Son bastiment est fort grand et beau (2), hormis la partie qui est du tout négligée. A son entrée il y a quelques statues d'un certain marbre bastard, lesquelles on considère pour leur antiquité. Puis se trouve un espace vouté et séparé de l'église par l'espaisseur d'une muraille, dans laquelle y a un grand portail pour entrer tout de plain pied dans icelle. Ce que vous pouvez désirer de sçavoir de particulier de ce lieu est que dans les anciens archifs on l'appelle *abbatia mille Monachorum* pour y avoir eu anciennement pareil nombre d'entretenus. Que depuis ce temps le nombre s'en estant fort diminué elle a continué soubs la règle de S. Benoist jusques à ce que de ce siècle sçavoir environ l'an 1624 les religieux d'icelle se sont fait séculariser (3) prenans le nom et les habits de chanoines au lieu de ceux de religieux qu'ils portoient auparavant. Or comme au temps de ce changement les religieux se sont trouvés jusques à trente, ce qu'ils ont résolu de faire et qu'ils pratiquent en effet afin que leurs canonicats à la longue se montent à un grand revenu, est qu'un chanoine venant à mourir sans résigner son canonicat s'unit à la manse du chapitre excepté seulement que pour un chanoine défunt ils créent un prébendier qui reçoit peu à comparaison du chanoine. Ainsi en useront-ils jusques à ce qu'ils se trouvent réduits au nombre de douze. Pour lors on fait estat qu'ils auront chascun du moins l'année 500 escus sans parler des dignités qui vaudront encore plus. Que l'abbé d'icy est encore collateur de ces bénéfices, que son revenu est extraordinairement pour luy de 18,000 à 20,000 livres (Et outre ce qu'il est coseigneur de la ville avec le roy et en cette qualité reçoit le serment des nouveaux consuls). Que l'abbaye est indépendante de tous évêques, ains ne rellève que du pape, que parmy ses abbés elle en a eu plusieurs qui ont été saints et d'autres gros personnages. Parmy les saints il y a entre autres St Duran, evesque de Tolose, dont la statue

(1) St Amand, ami particulier de Dagobert, la fonda entre 630 et 640. Lagrèze-Fossat, p. 45.

(2) Id. t. III, p. 105.

(3) La bulle de sécularisation fut donnée par Paul V en 1618 et les dernières formalités accomplies sous François II de Valèbre de Cormisson. t. I, p. 93 : Les chanoines augustins remplacèrent les moines de Cluny.

est dans le cloistre. Parmy les grands il y a eu un moine. Raymond de Monpezat lequel commandoit environ l'an 1211 et y est mort en estime de sainteté. Celuy cy a son tombeau historié en dehors de petits personnages et festons. On raconte de ce bon prélat qu'ayant nombre de moines soubs soy et l'année ayant manqué de vin il fit le miracle que d'en faire venir pour chascun autant qu'ils avoient eu coustume d'en avoir les années précédentes. Parmy les grands abbés je mets le cardinal de Guise duquel les armoiries et le chapeau se voyent (1).

Au reste cette abbaye se glorifie d'avoir dans une de ses chapelles le corps du grand St Cyprien dont le martyrologe parle.....
et en outre grand nombre de reliques qu'elle garde dans son Thrésor.

Je ne dois point encore quitter cette église que je n'aye adverty qu'à la gauche du chœur est placquée dans la muraille un vieil marbre difficile à lire dont néantmoins voicy le contenu..... (2).

Deux points se remarquent icy principalement. L'un, le temps de sa consécration, l'autre l'indépendance de l'evesque de Cahors.

Or pour ne rien obmettre, prenez garde en divers endroits à des pierres chargées d'ouvrages à la mosaïque dont elle estoit autrefois vraysemblablement toute parée. De l'église entrez au cloistre (3) qui est fort beau ayant de larges galeries et le préau environné d'un rebord à la hauteur de deux ou trois pieds sur lequel sont posées des colonnes d'un marbre bastard et outre ce des statues de mesme matière que représentent les Apostres. Si ces pièces sont mal faites il faut pardonner à la grossièreté du temps qui ne possédoit pas l'art de la sculpture au point qu'on fait à présent. A un

---

(1) St Durand 1047-1072 : Vᵣ l'étude de M. Ernest Rupin dans l'*Art Chrétien*, nᵒ de novembre 1892, sur ce saint « une des plus grandes figures du monastère » dont la statue de 1 m. 43 en bas-relief surmonte un pilier. — Lagrèze-Fossat, t. I, p. 128 et t. III p. 26. — Raymond de Montpezat 1229-1245 t. III p. 49, son tombeau p. 236. — Louis de Guise 1556-1578, p. 89. — Voir : les Abbés, leur histoire t. III p. 5 et sq.

(2) St Cyprien : Id t. III p. 218. Le chœur, p. 212. M. l'abbé Bouchard (*Monog. de l'église et du cloître de St Pierre de Moissac*. Toulouse, 1875.) reproduit pp. 10 et 29 les inscriptions du chœur. Le passage visé est celui-ci :

Hanc tibi, Christe Deus, rex instituit Clodoveus,
Te Duranne suum nostrumque Tolosa patronum,
Respuitur Fulco Simonis dans juraCadurco.

(3) Monlezun : Hʳᵉ de la Gascogne, t. II, p. 478. — Lagrèze-Fossat (t. III, p. 250.) — Abbé Bouchard, loc. cit. p. 32.

coin de cloistre y a une très-belle fontaine haute eslevée jettant de
l'eau par trois ou quatre tuyaux laquelle se recueille dans un beau
bassin et est recherchée de tous ceux de la ville qui en usent plus
ordinairement que d'autre.

Voicy une belle aumosne que fait chaque jour cette abbaye. On
l'appelle le *Mandat* parce que cela se fait par mandement de la
ville. Elle s'exécute (sur) soubs quatre pauvres vieillards qui
tiennent ces aumosnes par titres comme si c'étoit des bénéfices : ce
qu'elle leur vaut est sept ou huit sols a chascun par jour. Outre ce
titre elle leur distribue une quarte de bled chaque jour (1).

Je reviens à la ville en général. Elle trafique de ses propres
marchandises, comme bleds, vins et prunes qu'elle envoye à Bordeaux. Ses habitans qui s'occupent à faire les tonneaux pour y
enfermer les prunes y trouvent un grand gain, telle est la qualité
qu'il en faut !

Nous passasmes l'eau au port de cette ville et entrasmes aussi
tost dans le Languedoc dans lequel nous costoyasmes environ
durant un quart de lieue le Tarn et ce en plaine où il y a de toutes
chôses et nommément prairies, terres labourables et vignobles. La
disposition qu'on garde icy aux vignobles est jolie pour entourer
les terres labourables ou chasque champ a double rangée de ceps,
ce qui est très-beau.

Par un tel chemin qui nous conduisoit par une parcelle du Languedoc nous ne fismes guère qu'une demi lieue depuis Moissac
pour rencontrer la Garonne, laquelle ayant traversé dans un bas-
teau du Languedoc, nous passasmes en Gascogne pour premier
lieu de laquelle nous rencontrasmes St Nicolas (2), beau bourg où

---

(1) Avant la sécularisation, dit Lagrèze-Fossat (t. III, p. 526,
note 86), il est probable que, de même que dans les monastères
bénédictins, il était procédé dans l'abbaye de Moissac, chaque samedi,
au lavement des pieds. L'opération commençait dès que le verset de
l'évangile de St Jean que nous avons cité était entonné, d'où le nom
de *mandat* qu'on donnait à cette opération, à Moissac comme ailleurs :
on devait donc désigner sous le nom de *lavatorium* la galerie ou la
partie de galerie où le lavement des pieds des moines avait lieu chaque
samedi ». Cette cérémonie est représentée sur un des chapiteaux.
Abbé Bouchard *loc. cit.* p. 39.

(2) St Nicolas de la Grave chef-l. de canton de l'arrond* de Castel-
sarrazin (T. et G^{as}). Lagrèze-Fossat t. I, p. 305 origine probable du
nom ; — Ourie-Sembres *loc. cit.* p. 212. — Mignot : *Le château de
St Nicolas de la Grave (Bull. archéol. de Tarn-et-Garonne,* t. I, 1870,
p. 321).

est un chasteau embelly de dorures et autres parures ayant en ses dépendances un beau jardin. Tout ce lieu est de la dépendance de M. l'abbé de Moyssac quel qu'il soit. L'église de cette ville est belle.

Nous couchasmes icy et le lendemain 30 partismes sur les quatre heures du matin voyageant d'un bon pas pour la Gascogne qui jusques à un village nommé St Michel (1) est agréable de toutes façons s'estendant en belles plaines très-fertiles et bien continues. Les terres labourables y sont entourées comme cy dessus de deux rangées de seps de vigne; ce qui a raison de cette disposition récrée fort la vue. Cette contrée est merveilleusement peuplée et il y a de fort beaux chasteaux en quantité parmy lesquels celuy de Malhause (2) pour appartenir à un marquis de mesme nom me semble plus digne que les autres d'avoir part à ce discours.

De St Michel nous eusmes à monter et descendre souvent et à passer par les villages de N.. N.. et Plioux (3). En ceste traicte nous descouvrismes le chasteau de Castebon, Flammarens et Bezole (4) qui appartiennent à de grande noblesse. Nous voicy rendus à

LECTOURE (5)

seconde ville de l'Armagnac, aux estats de la province : et par conséquent estat sous le gouvernement de Guyenne dont l'Armagnac fait partie.

Elle est distante de Cahors de quelques douze lieues et de Aux de quatre. Sa situation est sur le haut d'une colline, ce qui lui donne grand avantage pour descouvrir le paysage circonvoisin

(1) Con d'Auvillar, arrondt de Moissac.
(2) Malause con et arrondt de Moissac. Des ruines de ce château on voit cette dernière ville. Les Durfort, les Balzac, les du Lyon et les Bourbon-Lavedan possédèrent ce fief.
(3) Canton de Miradoux, arrondissement de Lectoure (Gers).
(4) *Castel-Arrouy*, canton de Miradoux, arrondissement de Lectoure (Gers). — *Flamarens*, même canton. Le seigneur était Antoine Agesclan de Grossoles, chevalier, marquis de Flamarens, baron de Montastruc, seigneur de Buzet, Labarthe, etc., qui épousa Françoise Le Hardy de la Trousse, nièce de Mme de Sévigné, la meilleure amie de Chapelain. — Tamisey de Larroque : *La marquise de Flamarens. (Revue de Gascogne*, t. xxiv. 1883, p. 245). — *Bezoles*, canton de Valence, arrondissement de Condom. Godefroy dut s'écarter de sa route pour aller à Bezoles.
(5) Sur cette ville on pourra consulter : Ferd. Cassassoles. *Notice historique sur la ville de Lectoure...* Auch : Foix 1839 et examen par Noulens. (*Rev. d'Aquitaine* t. v. 1861, p. 253). — Cassassoles : *Encore Lectoure, l'autre côté de la question. (Bulletin du Comité d'histoire... d'Auch.* t. ii, 1861, p. 56-61.

qui est plain, et jouit d'une esgale riante fertilité et tout nommément en bleds et vins (1). Parmy icelui se void la rivière du Ger
qui traverse Aux et lave les pieds de la colline sur laquelle est
Lectoure. En cet endroit, est un grand pont de pierre qui est rendu
fort long par le moyen d'une chaussée qu'il a esté à propos de faire
à cause du desbordement des eaux durant l'hyver.

La ville est forte tant par sa situation qui fait qu'elle commande
quasi de toutes parts que pour ses doubles murailles, nombre de
portes et fortifications, car ses murailles sont de pierre et bien
espaisses. La première est posée sur un rocher et l'autre, qui est
davantage dans la ville, est fort eslevée, espaisse et très-terrassée.
Le nombre de ses portes s'entend de ceste sorte qu'avant qu'estre à
la ville, à chascune des entrées qui conduisent à la ville, nous en
avons à passer pour le moins sept ou huit. Ce grand nombre servent
à rendre l'entrée plus difficile, joint que d'ailleurs les portes sont
massives et accompagnées de demi lunes et autres ouvrages.

Pour les fortifications, elles sont principalement vers les portes :
ce sont de fort bons bastions.

L'enceinte de Lectoure est assez grande. Son église cathédrale
est spacieuse et fort belle dans son dessein. Douze chanoines la
servent. Le revenu de chascun d'eux est règlementairement de
mille livres (2).

Les Capucins y ont uns fort joli église et couvent (3).

Il y a un collège que tiennent les jésuistes ou Pères de la
Doctrine (4).

Hors la ville y a un prieuré du revenu de quelques quatre mille
livres (5).

(1) Lectoure, chef-lieu d'arrondissement du département du Gers,
est bâtie sur un plateau élevé de 125 m. environ au-dessus du vallon
où coule le Gers réuni au ruisseau de Laux, et, taillée à pic de trois
côtés sur la rivière et sur deux gorges latérales, ne se rattache aux
collines environnantes que par un isthme. Dans un mémoire fort érudit :
La ville des Sotiates, Auch : Bousquet 1897, M. Camoreyt donne divers
plans et coupes, notamment pp. 20 et 45.

(2) Connue sous le nom des saints Gervais et Protais et construite
au XIIIᵉ s., elle a été restaurée en 1515. En 1788, les douze chanoines
n'avaient plus que 1400 à 1500 livres pour subsister. Marquet : *Docu-
ment inédit sur le clocher de la cath. de L.* (Rev. de Gascogne, t. VII,
1866. p. 135).

(3) Camoreyt : *L'établissement des Capuc. dans la ville de L.*
(Rev. de Gascogne, t. XXV. 1884. p. 226).

(4) Le collège était tenu par les Doctrinaires qui, en 1630, furent
préférés aux Jésuites et aux Oratoriens. Plieux : *Etude sur l'Instr.
pub. à Lectoure.* (Rev. de Gascogne, t. XXIX. 1888, ch. IV, p. 404).

(5) Le prieuré de St-Geni, au bas de la côté de Lectoure.

La ville a entre autres une fort large et longue rue qui est grandement droite et est garnie de part et d'autre de fort belles maisons. Comme à l'un de ses bouts se trouve l'église cathédrale, aussi à l'autre se voit un chasteau (1) grandement fort où y a une mortpaye entretenue qui doit estre de 200 hommes et comme telle est allouée sur la despense du Roy. Mais effectivement n'y a que 25. Leur capitaine qui est aussy gouverneur de la ville est le marquis de Roquelaure qui est de ce quartier et est à son chasteau de mesme nom à trois lieues près, sçavoir du levant vers Aux dont il n'est distant que d'une seule lieue.

Avant que quitter ce chasteau il est curieux de se remettre en mémoire ce que nous avons veu de nos jours sçavoir qu'en l'année 1632 comme M. de Montmorency eust esté défait par le maréchal de Schomberg au mois de [septembre] dans la plaine de Castelnaudary qu'il fut mené dans Lectoure qui est distant de 00 lieues et dans ce chasteau y fut gardé estroitement jusques au mois de novembre de la mesme année, auquel temps on l'en retira et le conduisit-on à Toulouse où il fut décapité le 12 du mesme mois (2).

Vous avez à voir dans la ville une fontaine très considérable (3) pour à laquelle arriver nous faut passer cinq ou six portes posées à petites distances les unes des autres : lesquelles on est soigneux de fermer chaque soir. Ce qui rend recommandable cette fontaine est l'excellence de son eau, l'abondance de sa source qui se distribue par trois ou quatre gros tuyaux et en outre son réservoir, lequel a sur les deux costés les plus longs des sièges de pierre au

(1) Le château « formidable », dit M. Niel, occupé par un hôpital. En était gouverneur, en 1644, Gaston-Jean-Baptiste de Roquelaure, marquis, puis duc de ce nom, lieutenant-général, pair de France, fils d'Antoine, l'ami dévoué de Jeanne d'Albret et d'Henri IV. Il a été, pour ses bons mots, appelé le *Maumus français*. Lafforgue : *Famille de Roq.* (Rev. d'Aquitaine, t. 1, 1857, p. 148). « Les Roquelaure, a dit fort justement M. Tamizey de Larroque, sont trop connus pour qu'il soit nécessaire de leur consacrer la moindre notice, leur nom brille dans tous nos recueils généalogiques, dans tous nos recueils bibliographiques. » (Rev. de Gascogne, t. XIII, 1872, p. 521. *Lettres inédites des Roquelaure*; abbé Barrère, Documents inédits : Eod. loco t. XVI, 1875, pp. 229, 310, 511.

(2) Il est à peine utile de rappeler que Gaston, expulsé des Etats de Lorraine, par ordre de Louis XIII, son frère, entraîna Montmorency, gouverneur de Languedoc, dans son parti en invitant les Français à secouer le joug odieux de Richelieu. La Force et Schomberg écrasèrent les révoltés le 1er septembre 1632 et Montmorency fut décapité dans la cour de l'hôtel de ville de Toulouse le 30 octobre 1632. On sait le dévoûment des dames de Lectoure.

(3) La fontaine d'Houndélie remonte à l'époque gallo-romaine.

bout de l'un desquels y a une petite ouverture qui par un chemin desrobé nous conduit loin soubs terre et nous fait traverser toute la ville. Au reste le devant de cette fontaine est muni d'assez gros barreaux de fer au travers desquels nous prend le plaisir que de la considérer.

Je viens à parler des dignités que porte cette ville.

Premièrement elle est épiscopale et suffragante de l'Archevesque [d'Aux]. Tout son diocèse en général est desparty en quatre archidiaconés et comprend — paroisses (1).

Le revenu ordinaire de l'evesque est 20,000 livres. Celuy qui la possède aujourd'hui en evesché est Mgr Jean Destresses, lymosin d'origine sçavoir de cette partie qui avoisine le Rouergue (2).

En outre elle a un seneschal qui cy-devant estoit considérable par son ressort auquel depuis assez peu d'années la moitié a esté ostée pour la transférer à Aux ou y a aussi un seneschal, ces deux villes principales de l'Armagnac partageant également aussi cet honneur (3).

Les magistrats sont...

Finissons le discours de cette ville en remarquant que M. de Fontrailles (4) est natif d'icelle et qu'en son nom il fut tenu sur

(1) 77 paroisses.

(2) Jean d'Estresse, neveu de son prédécesseur, Léger du Plas. (Monlezun : *Hist. de Gasc.*, t. VII, p. 569). L'évêque avait 40,000 l. de revenu (*loc. cit.*, p. 570).

(3) Création du siège présidial en décembre 1621. (Cassassoles : pièc. justif. p. 35). Ordonnance de Louis XIV le transférant à Miradoux. (Tamisey de Larroque : *Rev. de Gasc.*, t. XVI, 1875, p. 89).

(4) De la branche cadette de la maison d'Astarac d'où est issu Montamat, le fameux lieutenant de Montgomerry. Benjamin de Fontrailles, gouverneur et sénéchal d'Armagnac, ville et château de Lectoure, se convertit au catholicisme à la suite de controverses célèbres dans cette ville. Il fut le père du fameux bossu, Louis, vicomte de Fontrailles, marquis de Marestang, tenu sur les fonts au nom de la ville. (Plieux : *Le Carmel de Lectoure. Rev. de Gasc.*, t. XXVII, 1886, p. 439 et note) qui négocia au nom de Monsieur, frère de Louis XIII, le traité destiné à hâter la chute de Richelieu. Il avait réussi, mais le tout-puissant cardinal pût connaître le plan médité. Fontrailles engagea Cinq-Mars à fuir à son exemple. Le grand-écuyer de France refusa et monta sur l'échafaud avec Augustin de Thou à Lyon, place des Terreaux, le 12 septembre 1642. Fontrailles a publié une relation souvent citée (Cfr. *Mémoires de Montrésor*). La bibliothèque de l'Arsenal possède sous le n° 3740 (2914 F.) le traité du 12 septembre 1642. Revenu en France, à la mort de Richelieu, Fontrailles se rendit célèbre par ses débauches et mourut le 25 juillet 1677. Cfr. Tamizey de Larroque : *Une lettre de Michel d'Astarac, comte de Fontrailles. Rev. de Gasc.*, t. XII, 1871, p. 556).

les fonts baptismaux. C'est celuy cy mesme qui négocia le traité qui fut fait en 1642 avec le Roy d'Espagne et M. le duc d'Orléans d'où s'ensuivit la mort de M. de Cinq Mars et de Thou : ensuite de quoi sestant réfugié en Espagne, depuis l'an 1643, il est retourné dans le royaume où son courage, sa valeur et hardiesse et non aucune prestance de corps (car il est fort petit) le signalèrent jusques à tel point que la Guyenne le montre comme un des plus grands qu'elle ait produit depuis longtemps. Une sienne sœur est mariée à M. d'Espenan gouverneur de Leucate (1). Permettez-moi de faire ici une petite digression pour vous donner la connaissance des lieux originaires de quelque noblesse bien qualifiée de ces pays qui sont assez près de Lectoure.

Roquelaure d'où sort le marquis de Roquelaure en est à trois lieues (2).

Fimarcon (3) qui est un marquisat près Lectoure et Condom estant eschu par mariage à un nommé Tilladet, frère aisné de M. Tilladet, capitaine au régiment des Gardes, il en prend le nom. Celuy cy passe pour le premier marquis de Guyenne, ayant un bel accompagnement de cet honneur, sçavoir 40,000 livres de rente.

Beauffort (4) est à demi lieue de C...dom, est une belle maison et appartient à Tilladet.

(1) Roger de Bossot, comte d'Espenan, baron de Luc, lieutenant-général des armées du Roi et gouverneur de Philisbourg, honoré de l'estime de Louis XIII et de Richelieu ainsi que de l'amitié de Condé, mort à la veille d'être créé maréchal. Il avait épousé Paule d'Astarac de Fontrailles, et sa sœur, Marguerite, s'unit en mariage à Thomas de la Marque, issu de la même souche que les Marca de Béarn. (Abbadie : *Roger d'Espenan et sa famille*. Rev. de Gasc., t. xxv, 1884, p. 101).

(2) Maison patrimoniale de la famille de ce nom, délaissée à l'époque du voyage de Godefroy puisque les Roquelaure achetaient Rieutort aux beaux jardins à la française. (de Carsalade du Pont : *Rev. de Gasc.*, t. xxxiv, 1893, p. 74 et Lavergne *eod loc.*, p. 271).

(3) Erigé en 1503, ce marquisat passa en 1630 dans la famille de Cassagne-Tilladet par le mariage de Paule-Françoise de Narbonne-Lara avec Paul-Antoine de Cassagne-Tilladet, seigneur de Caussens. M. l'abbé Mauquié a commencé dans la *Rev. de Gasc.*, (t. xxxiv, 1893, p 322) une étude sur *Les seigneurs de Fimarcon* dans laquelle il étudiera cette famille. Cfr. : *Les seigneurs de Caussens*, notes de M. Laffitte, publiées par M. l'abbé Mauquié (*Rev. de Gasc.*, t. xxxi, 1890, p. 573).

(4) Ce nom viendrait-il des Bauffort alliés aux Galard? (Noulens : *Docum. historiq. sur la maison de Galard*. 2 vol. Paris : Claye 1871-73, t. i, p. 131 et sq.).

Tilladet est une seigneurie en ces quartiers sçavoir à deux lieues et demie de Condom et une de Gondrin.

Gondrin est à deux lieues de Condom. Il appartient à la maison de Montespan et Pardaillan (1).

Fontrailles est un chasteau non fort esloigné de celui de Roquelaure.

Faudoas est à trois lieues en tirant vers Tolose. Il appartient à la maison dite de Barbazan qui a son principal chasteau du même nom de Barbazan dans les Pyrénées vers le comté de Foix (2).

Sortans de Lectoure après avoir passé le Gers sur le pont, nous eusmes fort à monter et descendre jusques à un lieu nommé Terraube (3) qui est une petite ville sise au haut accompagnée d'un chasteau et d'un couvent de Mathurins.

Après nous fusmes par des prairies jusques a un village nomé le Mas (4) ou nous couchasmes. Ce n'estait pas pourtant nostre chemin que de passer dans ce lieu, mais la nuit qui nous attrapa en ces quartiers nous le fist choisir pour nostre retraite. Nous fusmes satisfaits de ce logement quoy qu'il nous fallut coucher sans souper n'y ayant du tout rien dedans l'hostellerie hormis ce qui estoit nécessaire pour nos chevaux.

Le lendemain nous remettans de bonne heure dans nostre bon chemin, nous eusmes à marcher assez longtemps par des prés, puis traversasmes à gué la petite rivière dite la Bahise (5). Après rencontrasmes plusieurs montées et descentes cheminans toujours dans cette partie de l'Armagnac qu'on surnomme *le blanc* (6).

(1) Berceau des Pardaillan-Gondrin. (Marquis de Galard : *Les Pardaillan-Gondrin. Rev. de Gasc.* t. XXII, 1881, p. 541).

(2) Le siège principal de cette maison était à Barbazan-dessus, canton de Tournay (H.-P.). (Curie-Seimbres : *Arnaud-Guilhem de Barbazan. Rev. de Gasc.*, t. XV, 1874, p. 97). Une *Histoire généalogique* en a été publiée.

(3) Canton et arrondissement de Lectoure (Gers), à 180 mèt. d'altitude. La seigneurie, première baronnie du Condomois, appartenait à la maison de Galard dès le XIIIᵉ s. (Noulens : *Loc. cit*, t. II, p. 369 et sq. ; de Jaurgain : *Notic. hérald. s. l. maisons de Galard et de Béarn* eau forte, p. 34).

(4) Canton et arrondissement de Lectoure (Gers).

(5) La Baise, affluent de gauche de la Garonne, née au plateau de Lannemezan, entre dans le Gers après Trie, arrose Valence, sépare la vicomté du Fezenzaguet du Haut-Armagnac, puis coule vers Condom.

(6) Armagnac blanc ou le Haut avec Auch pour capitale. Armagnac noir ou Bas : Aignan, puis Nogaro capitale.

Agréez que je meste icy quelque chose de l'humeur des gens du pays quoy qu'on les appelle ordinairement Gascons comme en effet n'y a point de différence puisque l'Armagnac est une partie de la Gascogne. J'ay trouvé le même peuple aussi humble qu'il se puisse ailleurs. Ils portent des berrets et capes et cultivent fort assidûment leurs terres parmi lesquelles il y a forces villages et chasteaux.

Il estoit environ onze heures quand nous nous rendimes à

VIC-FIGENZAC (1)

ville de l'Armagnac, scavoir de la partie d'icelluy qu'on appelle *le noir* et en langage du pays *Armagnac lou négre*.

L'église de ce lieu est belle. A son entrée se lit sur un pilier cet épitaphe inscript sur une pierre eslevée de terre de quelques huit pieds.

Anno Dñi MCCLXXI VII Kalend. Decemb. obiit Bernardus de Rocalaura Domicellus filius Dñi Bertrandi de Brulhans de genere Armeniacensi.

Dans le fausebourg de cette ville y a un prieuré de l'Ordre de Prémontré (2).

L'apresdinée nous entreprismes une longue traicte qui dura longtemps par l'Armagnac *le negre* ou le noir. Ainsi le nomme-t-on à la différence de l'autre qui est appelé blanc pour estre le noir moins fertil. Pour le terroir il est moins fertil : c'est qu'il a quantité de landes qui sont champs incultes et produisans sans culture la mauvaise herbe, scavoir est des fougères et bruyères qui véritablement s'y estendent fort. Quoique mauvaises si sont elles utiles a beaucoup d'usages entre autres de fumer les terres : ce qui se fait de cette sorte. On en fait des bottceaux lesquels on laisse desséscher et pourrir, puis on les éparpille sur les terres qu'on veut ensemencer ni plus ni moins que si c'estoit du fumier. Autrement icelles estant fraischement tirées de terre et comme les terres sur lesquelles estant dessechées on y met le feu, ce que l'on appelle

(1) Chef-lieu de canton de l'arrondissement d'Auch (Gers) ; Dom Brugèles : *Chroniq. ecclésiast. du dioc. d'Auch.* Toulouse : Robert MDCCXLVI p. 494. Cfr : Cyp. La Plagne-Barris : *Anecdotes sur Vic-Fezensac au XVe s.* (*Rev. de Gasc.* t. XXXIV. 1893 p. 338). Il y avait 14 églises. Godefroy veut parler de St Pierre (p. 340). L'inscription se rapporte à un fils de Pierre, le premier Roquelaure connu.

(2) Le prieuré des Prémontrés de Ste Marie de l'Hôpital hors les murs ou *Ecclesia Portæ Superioris.*

brusler les terres. Ils ont encore une autre manière d'engraisser
leurs terres, par le moyen d'une autre terre qu'ils appellent marne
et de ce nom on fait celui de marner les terres. Marner n'est donc
autre chose que prendre la terre qui s'appelle marne qui est fort
dure mais s'ammolit durant l'hyver : elle est de couleur rougeastre
et noirastre laquelle on soulève des lieux où on la trouve qui sont
fort fréquens avec des pics (1) et pour en couvrir les champs on
en met ferme. Ces trois façons de bonifier les terres ont quelque
chose de commun et aussi de différent. De commun qu'elles font
mourir toutes mauvaises racines et herbes et empeschent que les
blés qui y naissent n'engendrent de l'ivraye et ne se charbonnent.
Le différent est que la marne ne se met que de trente en trente ans
sur une terre et les herbes sy mettent chaque année. Puisque nous
sommes sur ce discours jadjousteray que jay remarqué que les
bleds de ce pays ne sont sy jaunes ny dorez qu'es autres contrées,
ains fort noirs ce qui me donne occasion de croire que peut estre
cela provient de ce qu'on brusle lesdites terres.

Comprenez en outre que le peuple y est extrêmement basanné
pour ne dire tout a fait noir, de plus qu'il semble affecter la laideur
et la difformité en se faisant raser entièrement comme il fait si
bien que ny a la teste ny aux mentons et lèvres vous ne voyez
aucun poil. Les hommes se couvrent la teste de calottes grandes
qu'ils appellent *berets*. Les femmes se la couvrent de coiffure simple
en la façon et manière qu'ils appellent *sacotte* (2). C'est une pièce
de toile assez longue qui par un bout est pliée en deux et cousus
par ensemble comme si on voulait faire un sac. Après eslargit-on
lesdits costés sans autre artifice. Cela se met sur leur teste, le
sommet d'iceux montrant une pointe comme une des cornes d'un
sac et les joues avec une partie des espalles estant couvertes des
pendants des susdites sacottes. D'autres importent des draps de
diverses couleurs, quelques-unes mesme y adjoustent quelques
petits ornemens de filets bleus conduits en manière de broderie,
mais c'est en autre contrée que dans l'Armagnac. Les petits enfans
et mesme les filles vont nue teste. Or tant des hommes que des
femmes (je parle du peuple seulement) sont simples en toutes
façons et misérables au dernier point par les tailles et impositions
dont ils sont chargés.

(1) Pioche au fer long et aigu pour fouiller la terre.
(2) La sacotte, voir plus haut : Introduction.

Adjoustez a ce que dessus que le pays est fort montueux si bien qu'on ne fait que monter et descendre.

Les lieux que nous rencontrasmes ensuite furent : Aignan (1) qui est une petite ville de l'Armagnac le Noir près laquelle environ à une portée de mousquet y a une chapelle fort belle de peinture et ornements ou n'y a pas longtemps qu'il y avoit très grande dévotion. Mais elle si est refroidie et a passé en autre endroit qu'on appelle Goit qui n'est esloigné que de trois ou quatre lieues au surplus.

De la en avant nous eusmes a passer la rivière la Rose (2), puis nous rencontrasmes Tasque (3) qui est un village ou y a une abbaye. Quoy que ce dernier lieu soit de l'Armagnac appelle-t-on cette contrée du nom de Rivière-Basse. Le mot de Rivière ne voulant dire icy autre chose que pays plain au pied des montagnes. Cette petite contrée est une partie de l'Armagnac et dans son destroit ne comprend pas plus d'une trentaine de villages. Le principal de ces lieux est Castelnau de Rivière Basse (4) et pour la dévotion c'est Goit (5) auquel depuis six ans elle est tellement introduite que si elle continue encore quelques années elle va esgaler les plus anciennes du royaume. Il n'est pas croyable quelle affluence du peuple y vient aux bonnes festes.

(1) Chef-lieu de canton, arrond^t de Mirande (Gers). Notre-Dame d'Aignan à qui une chapelle avait été érigée, patronne de la région occidentale du diocèse d'Auch, aux termes d'une constitution synodale de Léonard de Trapes (1624) (A. Lavergne : *Notes sur le culte de la Ste-Vierge dans le dioc. d'Auch. Rev. de Gasc.* t. XXXVIII, 1897 pp. 263 et 269. — Dom Brugèles *loc. cit.* p. 381. — Monlezun *loc. cit.* t. VII, p. 628.

(2) Rivière de l'Arros (H.-P.) née au pic d'Arneille.

(3) C^{on} de Plaisance, arrond^t de Mirande (Gers), abbaye de l'ordre de St Benoît (Bascle de Lagrèze : *Hist^{re} relig. de la Bigorre.* Paris : Hachette 1863 p. 317. — L. Couture : *Note sur l'abbaye de Tasque* (extr. des papiers de Monlezun) *Rev. de Gasc.* t. x, 1869, p. 360].

(4) Chef-lieu de canton de l'arrond^t de Tarbes. Ce nom de *rivière* a été donné aux plaines d'alluvions provenant du retrait successif des eaux, des apports et des dessèchements de marais formant des atterrissements fort riches en humus. On retrouve en Béarn dès le XIe s., Rivière pour désigner la plaine du gave de Navarrenx, Rivière-Gave ou la plaine d'Orthez, Rivière-Fleuve sur l'Adour et le Gave de Pau, Rivière de Lescar, Rivière-Luy — Cfr sur cette ville : *Histoire de la Province et Comté de Bigorre écrite vers 1735 par l'abbé Colomez, publiée par l'abbé F. Duffau* Paris : Champion; Tarbes Larrieu 1886. p. 265.

(5) Un témoin oculaire confirme ainsi ce que M. l'abbé J. Caubin a cru pouvoir dire du commencement de la « dévotion extraordinaire » qu'il fixe à 1613. *La Sainte chapelle de Goueyte en Rivière-Basse, diocèse d'Auch, autrefois diocèse de Tarbes.* Tarbes. Imp. Larrieu 1889, dessins de M. l'abbé Dulac.

Labatut (1), beau chasteau qui appartient à un vicomte de même nom, et Themines (2) sont dans son destroit (3).

Par ce petit pays passe la rivière de l'Adour qui vient de la Bigorre et de là s'en va à Bayonne. Elle est ici divisée en plusieurs canaux et est guéable.

Cette contrée porte son millet de diverses espèces y en ayant du mâsle et du femelle, du gros et du petit, par les monts d'Espagne, de Bigorre et de la vallée d'Aure, et pour les couleurs de rouge, de jaune, de blanc, de gris et de noir (4). En outre, il y a force landes desquelles on se sert comme j'ay dict cy-dessus pour fumer les terres et en hyver pour des nourrissages. On nourrit icy force oyes en très grandes bandes.

Nous couchasmes dans une mestairie près de Castelnau-Rivière-Basse, chez M. de Valent, l'un des frères de M. mon compagnon.

Le lendemain 1er septembre, nous en partismes à midy et après avoir cheminé environ une lieue dans le susdit pays de Rivière-Basse, nous rencontrasmes un petit ruisseau qu'il nous fallut passer. Nous entrasmes aussitôt dans le Béarn. Par lequel ayant fait plus d'une lieue de chemin nous vinsmes chez M. de Valent, recteur de Secureix (5), frère aisné de mon susdit sieur compagnon. L'honnesteté et la courtoisie dudit sieur d'Escureix fut telle qu'elle nous obligea de séjourner en ce lieu jusques au 4 du mesme mois de septembre qu'en partismes luy s'estant joint à nous pour aller à Pau. A quelques deux lieues de sa paroisse, nous rencontrasmes

MORLAAS (6)

ville capitale d'une portion du Béarn qui s'appelle Morlanais et mesme un des peuples du Béarn. L'étimologie de ce nom est qu'anciennement un seigneur de Béarn, traitant extrêmement mal ses vassaux, iceux ayant pris les armes contre luy deffirent ses gens

(1) Cantn de Maubourguet, arrondt de Tarbes. (Colomiez, p. 267).

(2) Archiprêtré anc. de Castelnau-Magnoac. (Dom Brugèles, p. 401). Château bâti par l'illustre Paul de Labarte, seigneur de Thermes, maréchal de France sous François Ier,

(3) Etendue de juridiction, district. Cf. Littré. On disait aussi *port*.

(4) Ces désignations indiquent les diverses espèces : le blé rouge et le noir soit le sarrazin, le blé blanc est une variété de froment, etc.

(5) Escurès, cantn de Lembeye, arrondt de Pau (B. P.).

(6) Le Morlanais était un pays et une sénéchaussée. Godefroy a recueilli l'étymologie que Marca avait déjà déclarée « bien fausse et ridicule. » (*Hist. du Béarn*, p. 269). Ch.-l. de canton, arrondt de Pau.

et le tuèrent luy mesme, d'ou est induit le mot de Morlaa comme qui dirait MORT LAS, ton seigneur estant MORT TU LAS.

Cette ville est extrêmement longue à y comprendre ses fauxbourgs et assez estroite. Elle a parmy sa grande rue une bien belle fontaine près l'église outre laquelle elle a des Cordeliers et Jacobins. A l'un de ses bouts, elle a un chasteau (1) fort vieil et non autrement considérable si ce n'est à cause d'une certaine monnoye qui n'a cours qu'en ce pays, laquelle se fabrique à l'exclusion de tous autres lieux. Son nom est baquette. Sa matière est de cuivre, sa forme est ronde mais improprement. Sa marque est (2).

Sa valeur est moindre qu'un denier, car il en faut quatre pour un liard et de là vient qu'en ces quartiers, en faisant des payements ou comptes, on parle souvent de liards comme les Espagnols comptent par maravédis.

En quittant Morlaas, nous passasmes pendant fort peu de temps par des landes, lesquelles on surnomme de Bordeaux, non qu'elles soyent celles qui sont connues soubs ce nom et qu'on comprend ordinairement par iceluy, mais parce qu'elles conduisent et se joignent à icelles.

Après nous traversasmes durant une longue lieue tousiours des landes qui sont de belles plaines qu'on appelle vulgairement le Pont-Long (3) parmy lesquelles es mois de l'automne et de l'hiver se font de grands nourrissages de toutes sortes de troupeaux qu'on ramène des montagnes qui ne sont pas esloignées de quatre lieues.

Ce chemin nous mena à

PAU

capitale du Béarn, non pour son ancienneté, car il y a Oloron et Morlas qui contestent cette primauté (4), mais pour les titres d'honneur qu'elle porte.

(1) Le château de la Hourquie dont le nom latin *Furcas*, se retrouve en 1096 (Marca, *loc. cit.*, p. 302). Sur les monnaies, voir Adrien Blanchet : *Histoire monétaire du Béarn*. Paris, Leroux. 1893. L'atelier de Morlàas, p. 23. Ceci confirme l'induction du savant numismate que la frappe continua après 1619 (p. 26), mais qu'on ne fabriquait que de la monnaie de billon puisqu'en 1662 on réclamait la frappe d'or et d'argent. (Arch. des B. P., C 829). Pau (p. 30) et St-Palais (p. 45) frappaient aussi. Indication des valeurs, p. 98.

(2) Dessin des baquettes.

(3) Les landes couvraient tout l'espace compris entre le Luy de Béarn, l'Ousse et le Gave de Pau. (P. Raymond, *Dict. topog.*, p. 138).

(4) Ch.-l. du dépt. des B.-P. Pau est relativement moderne et bien d'autres villes béarnaises sont plus anciennes. Oloron ne fût jamais capitale du Béarn; il faut corriger par Orthez.

Sa situation est en une belle plaine plus agréable à l'œil que fertile, veu qu'elle ne produit hors du millet que des fougères, herbe qui remplit les landes. A l'endroit où Pau finit, y a une médiocre descente qui ouvre une autre grande plaine qui est bien fertile comme ayant force bleds, millets de toute sorte, vignobles, fruitières et bois. Par le travers d'icelle, s'escoule la rivière du Gave surnommé Béarnois à la différence de quelques autres de mesme nom. Elle baigne les pieds de Pau. Près de là, comme à un quart de lieue, est Juranson (1) petit village mais considérable pour son vignoble que l'on met au rang des meilleurs de France non pour sa valeur mais excellent, et plus loin sçavoir à trois lieues les Pyrénées se montrent si manifestement que nous descouvrons celles qui sont chargées de bas ou autrement.

Cecy suffise pour sa situation. Je ne vois point de raison ny n'en ouy donner de son nom qui en latin se trouve en celuy de *Palum* (2).

Pour le temps de son commencement, je l'ignore mais non celuy de son accroissement (3) qui s'est fait du règne du roy Henry le Grand pour estre nay en cette ville, de Louys XIII et Louys XIV à présent régnant durant lequel elle s'augmente merveilleusement. Qui prendroit garde à ce qu'elle estoit auparavant et si peu de chose qu'il n'est pas possible de se l'imaginer moindre estant certain que hors le chasteau qui s'y trouve et duquel nous parlerons cy après, elle n'est pas plus grande que la Place Royale de Paris (4). Mais outre les augmentations qui s'y sont faites et lesquelles on a médité de continuer (car on les a marquées par l'enceinte nouvelle qu'on y a faite) elle est fort longue et se doist descouvrir de cette sorte.

(1) Canton O. et arrondᵗ de Pau (B. P.). Les vins en étaient fort réputés. Marca écrit qu'ils « sont d'une bonté exquise, qui surpasse les meilleurs de Chalosse, et du Bourdelois, et par conséquent de presque toute la France. » (Hⁱᵉ du Béarn, p. 256).

(2) Pour l'étymologie du mot Pau, consulter Lespy : *Sur le nom des habitants de Pau* (Bull. de la Soc. des Sciences ... de Pau), t. IV, 1874-75, p. 171.

(3) Voir les deux éditions (1839 in-12, 1847 in-8ᵉ) du *Panorama historique et descriptif* de Dugenne. Que dirait-il aujourd'hui ?

(4) Place des Vosges actuelle. M. Lechevallier-Chevignard. (*Les Styles français*, collection Comte, publiée par Quantin, p. 284), croit trouver dans l'innovation des portiques à couvert de la place Royale « un souvenir de la jeunesse (d'Henri IV), des petites villes de Béarn... »

A la prendre en général, elle a entre autres deux rues(1) extrêmement larges et bordées de beaux édifices qui la pluspart appartiennent à des Messieurs du Parlement. La manière dont on les bastit
est de cailloux qui se prennent dans le gave lesquels on unit par
ensemble avec du mortier et les coins des maisons estans achevés
on les laisse quelques années à l'air, ce qui les fait mieux porter
et puis on les crespit. Elles ont leurs toits fort droits comme à la
mode de Paris, iceux couverts de mereins (2), de tuiles et d'ar-
doises pour la pluspart. La ville de Pau est du diocèse de Lescar
d'où elle n'est esloignée que d'une lieue. Ses églises sont outre
une paroisse du nom de St Martin, celle des Capucins qui est fort
isolée (3). En dehors elle montre cet escript. LUD. JUST. XIII GAL.
ET NAVARRŒ REX S. LUDOV.'REGI DICAVIT. En dedans elle porte sur
son portrait :

PIÆ POSTERITATIS MEMORIÆ

PIO REGE CHRISTIANISSIMO VICES AGENTE AC PETENTE SENATU
SUPREMO HANC BASILICAM CONSECRAVIT ILLUSTRISSIMUS D. D. JOANNES
HENRICUS DE SALETTES, EPISCOPUS LASCURRENSIS DIE 23 AUGUSTI
AN. 1637. ET DEDICATIONIS CELEBRITATEM ANNUAM IN SECUNDUM
SEPTEMBR. TRANSTULIT (4).

Ces pères font bastir leur couvent et ont un jardin très agréable
tant pour son estendue au levant que pour la rare vue qu'on descouvre d'iceluy : ce qu'eux-mesmes reconnaissent si bien qu'ils
advouent qu'il est le plus beau qu'ils ayent en France. Ils confessent
les catholiques et profitent beaucoup sur les huguenots.

Celle des Religieuses (5).

Et celle des Pénitens bleus (6).

(1) Sur les rues anciennes, Lacaze : *Rech. sur la ville de Pau.* —
Dénomination des rues de Pau (Bull. Soc. de Pau, t. XVII, 1887-88,
p. 159.)

(2) Merrain, bois fendu en planches et propre à différents usages
Littré). Le style Louis XIII se distingue par les toits hauts.

(3) L. Lacaze : *L'ancienne église St Martin de Pau (Bull. Soc. de
Pau*, t. XVI, 1887-1888, p. 159) — Capucins: Dugenne *loc. cit.* pp. 178,
248-9.

(4) Suscription inexacte. Fautes de latin.

(5) Pau eut des couvents d'Ursulines, Orphelines, Filles de Notre-
Dame, Dames de la Foi.

(6) Rivarès : *Les Pénitents bleus et les Pénitents blancs à Pau, en
1717 (Bull. de la Soc. de Pau*, t. XIV, 1884-85, p. 154).

Pour les Jésuistes (1), ils ont une rare maison et collège : cy-devant ils les avoient commencé de l'autre costé de la rue mais pour y avoir trouvé de l'incommodité dans leur commencement, eux à qui il est facile de remuer et redresser les choses en meilleur estat, ont basty au lieu où ils sont à present. J'entends maintenant parler de celuy cy scavoir du plus nouveau. Il embrasse une fort grande enceinte dans le dessein qui en a esté pris qui est d'y faire trois grandes et vastes cours entourées de bastiments bien grands accompagnés de gros pavillons sur les coins et une bonne partie en est desja faitte. Les matériaux sont de mesme que les autres maisons scavoir de cailloux joints avec du mortier et retenus aux extrémités par des chaisnes de pierre. Ces murailles ne sont encore crépies pour les raisons que j'ay spécifiées cy dessus, mais ne tarderont guères de l'estre. Les toits sont d'ardoise et quelques parties de tuile et autre. Enfin c'est un des plus beaux lieux qu'ils ayent en France. Eux mesmes le mettent par dessus la Flesche. Pour moy qui ay veu l'un et l'autre ny puis consentir parce que la Flesche est achevé et celuy cy n'a encore que sa moitié. Le grand portail porte cette inscription :

S. P. M.

LUD. XIII COGNOMINE JUSTUS, RESTITUTA PALI RELIGIONI SEDE, DICATO THEMIDIS SACRARIO HOC SOCIET. JESU PIETATIS ET SAPIENTIÆ LYCEUM EREXIT QUÒ SE ERIGERET IN CŒLUM, VICTURUS IBI ÆTERNUM; PIUS UBI PATER HENRICUS IV NATUS EST MAGNUS.

Ils ont icy très peu d'escholliers; ce qui en est cause est qu'à une lieue près scavoir à Lescar les Pères de la Doctrine (2) y ont un collège mieux achalandé que le leur. Or, ces bastimens ont pour leur accompagnement un beau jardin, un grand bois remply de fontaines et autres charmes naturels, scavoir la rivière du gave qui en frotte les bords. Il est vray que comme elle est mauvaise voisine qu'ils la voudrayent plus loin. Je l'appelle mauvaise pour changer souvent de canal et emporter les terres qui lui sont plus proches. Néantmoins elle embellit de beaucoup la veue qu'ils ont sur de grandes plaines fort diversifiées de toute sorte de biens en suite les Pyrénées.

(1) Voir pour les détails le 1er chapitre de l'*Histoire du lycée de Pau*, par Delfour. Pau : Garet 1890 et les renvois à divers travaux.
(2) Les Barnabites étaient à Lescar par concordat de 1624. Delfour : *loc. cit.* p. 93.

Peut estre sera-t-on curieux de scavoir de quelles forces s'aydent ces Pères pour l'accomplissement de si grands desseins. Elles se prennent du don de 12,000 livres que le roy leur fait tous les ans lequel revenu, lorsque Pau estoit tout huguenot, les ministres prenoyent. Et ainsi sans rien augmenter, de mains impies qui en jouissoyent, cela a passé en des mains très dignes et qui l'employent à ces usages qui servent d'ornement et embellissement aussi bien que d'utilité au Béarn. Ces Pères sont en perpétuelles disputes avec le party contraire.

Comme les habitants de Pau ne sont pas tous catholiques, cela est cause que ceux de la religion contraire qui sont en fort grand nombre, qui est plus de la moitié, y ont un temple fort joli où leur est libre l'exercice de leur religion.

Je viens à parler du Parlement. Il y fut érigé l'an [1620] (1) par le roy Louis XIII qui leur assigna pour ressort et destroit tout le Béarn, la Basse-Navarre. Il s'appelait anciennement le Parlement de Navarre. Il avoit esté à Pampelune. Mais sur l'usurpation que les roys d'Espagne firent de la Navarre (2), les rois de Navarre, pour soustenir toujours leurs droits, ont conservé le Parlement de Navarre en l'établissant à St-Jean-Pied-de-Port d'où ils le changèrent à St-Palais, où il demeura l'espace de cent ans et finalement est venu à Pau, comme il y est pour ce jourd'huy. Mais il est certain qu'on le doibt considérer comme tout nouveau tant la différence qu'il y a de son premier estat dans celuy d'aujourd'huy. Schachez donc qu'il faut rapporter le temps de son establissement au règne de Louis XIII lequel l'institua pour la Basse-Navarre et les pays de Béarn, Andorre, Donezan et de Soule ou Sole (3) qui est un pays entre les royaumes de Navarre et d'Aragon et le pays de Béarn et où sont les bourgs de Mauléon et de Liscarre, par lettres données audit lieu de Pau en 1620 au mois d'octobre, ce qui a esté toutefois sursis d'exécuter jusques en l'an 1624 au mois de juin, et les édits d'érection adressés au Parlement de Paris pour y estre inscrits conformément aux lettres de Sa Majesté données à Paris audit an 1624, le 16 de décembre.

(1) Delmas : *Du Parlement de Navarre et de ses origines*. Pau : Dupuy 1898.
(2) Il s'agit non du Parlement, mais de la chancellerie de Navarre, unie au Parlement par Louis XIII.
(3) Retrancher Donezan et Andorre.

Soubs le Parlement de Pau sont les villes épiscopales de Lescar et d'Oloron, en Béarn, de l'archevesché d'Auch.

Le Palais où il se tient est un bastiment nouveau et isolé. Le nombre des Messieurs dont le Parlement est composé est de quatre présidents qui sont Messieurs de la Vie, l'Esquile, Gassion, de Marca. Des vingt-quatre ou vingt-cinq autres tant conseillers que gens du roy catholiques en partie et huguenots du reste, les noms de quelques-uns sont MM. Dufau, de Minvielle, Laugar, huguenots, MM. de Tisnès, Belloc, Claverie, Pardies, Lassalle et autres (1). Ces Messieurs sont riches. J'adiousteray à ces Messieurs de justice le sieur Gassion, maréchal de France, pour les armes, et le sieur de Salettes, pour l'Eglise, lesquels ont leur maison en cette ville.

Outre le Parlement il y a Chambre des Comptes qui cy-devant estoit à Nérac. On la divisa en deux et en lùi laissant une partie, on transféra l'autre à Pau. Ce fût l'an [1624] que cela arriva (2).

Les magistrats de la ville s'appellent jurats, ils y sont au nombre de [6 jurats et 12 députés.]

Il faut maintenant revoir le chasteau tant renommé que par proverbe l'on dit de luy que QUI NA VIST LO CASTEL DE PAU NON EN A VIST JAMAIS UN TAU. Il est à l'une des extrémités de la ville. Son édifice est fort ample et est gardé par une morte-paye de quelque douzaine de soldats. Le premier portail est fort joliment accommodé et porte une petite inscription sur marbre laquelle expose toutes les qualités d'Henri IV en ces mots :

HENRICUS IV REX FRANCIÆ

ET III SUPREMUS DOMINUS BEARNIÆ (3) NAVARRÆ ! !

Ce chasteau (4) est fort et beau. En dedans il y a une grande cour qui n'est de nulle forme. Ses degrez sont larges et travaillez en sculpture. Les apartemans, sales et [les] chambres sont amples. D'iceux on a une belle vue sur Juranson, sur les Pyrénées qu'on

(1) Tous noms bien connus en Béarn.
(2) Henri avait établi une Chambre des comptes à Pau en 1520, qui réunie à celle de Nérac prit le nom de Chambre des Comptes de Navarre et fut unie au Parlement en 1691. Henri II avait établi cette chambre de Nérac en 1527.
(3) *Henricus IV Dei gratia — Navarræ tertius dominus — Christianissimus Rex Franciæ Supremus Bearni. 1593*
(4) Le château a suscité de nombreuses études de Bascle de Lagrèze, Palassou, Saget..., les dessins de Laffolye et les eaux fortes de M. P. Lafond et de Sadoux.

descouvre à plain sur une belle plaine que le gave traverse et lequel frotte le chasteau. Quant à leurs embellisemens, entre autres les tapisseries sont anciennes et fort belles (1). En dehors, le bastiment est agréable, monumental en la partie qui regarde les Pyrénées. De ce costé il est fort eslevé et est accompagné de beaux fenestrages et est terminé par de grosses tours. Mais pour venir à sa force, ce que j'y trouve de plus singulier sont deux fossés et deux talus extraordinairement beaux. Pour le mieux comprendre il se faut figurer que le chasteau est en lieu fort eslevé, que bien bas commence un des talus et sur iceluy s'eslève une très espaisse muraille qui faisant une terrasse assez estendue a derechef dans icelle et un fossé et un talus. Si ce que dessus nous semble estre suffisant pour cadre du chasteau, [il est] digne de remarque que ce qui suit nous le face admirer davantage en nous exposant que ce fut dans iceluy où nasquit nostre roy Henry le Grand. A ce propos permettez moy de vous rapporter quelques unes de mes petites remarques.

Comme autour de Paris, scavoir de Bery (2) ou dans la galerie du chasteau, la vie d'Henry IV est représentée laquelle, à son commencement, le montrant dans sa jeunesse porte ces vers pour intelligence de la peinture

> *Aniou conçut Henry*
> *Pau luy donna naissance.*

Cecy a esté par occasion. Ce qui suit est par la nécessité que je m'impose de tout dire. Alentour du chasteau [il y] a des modiques maisons et boutiques de toutes sortes d'artisans et ouvriers nécessaires à la cour d'un roy. Et de suite un jeu de paume (3). Tous lesquels édifices sont en partie plus basse que le chasteau. Près du chasteau est le jardin considérable (4) par ses grands et longs

(1) Sur les tapisseries voir les travaux de MM. Gorse (*Bull. de Pau,* t. x, 1880-81, p. 85) et Planté (*Eod. loc.,* t. xx, 1890-91, p. 47).
(2) Henri IV y était passionné. (Arch. des B. P., B 30, 70, 108, etc.)
(3) Château réputé dont il ne subsiste plus trace et contemporain de l'auteur. Des publications nombreuses lui ont été consacrées.
(4) Sur les jardins qui comprenaient alors la Plante et le terrain du cours Bayard, création de Marguerite de Valois : Bascle de Lagrèze, 1re éd. p. 415. Favyn déclare « qu'il s'y trouvait les plus belles allées et palissades qu'il y eût en France et ailleurs. » Il est regrettable qu'on ne connaisse pas la description qu'en a faite Auger Gaillard et dont M. Basc. de Lag. dit que « l'existence ne peut être mise en doute. » *Rev. de Gasc.* t. xvi, 1875, p. 174. Dans les comptes des Archives on trouve en 1582, B 2595, Confection des plans du jardin du château.

berceaux qui sy comptent au nombre de vingt-deux. Ils se croisent les uns les autres et sont si touffus qu'à peine le soleil y peut-il introduire non pas seulement ses rayons, mais mesme une obscure lumière. Proche de ces berceaux est un petit bois de pins remarquables en leur hauteur. Dans l'espaisseur de ces bois a esté faite une large allée qui sert de lice à la ville pour y courir la bague. Une autre y en a bordée de pins et autres arbres prodigieux en hauteur, les corps desquels par une curiosité bien grande ont été entrelacés si adrextement les uns dans les autres qu'aujourd'huy l'estonnement est grand parce qu'on ne peut juger lesquels d'eux ont esté ouverts pour recevoir les autres dans leurs fentes. Ce que je décris icy est de telle considération que quoyque l'allée soit médiocrement longue et large que néantmoins on la surnomme *superbe*. Au bout d'icelle mais au delà de la muraille est la fontaine dont toute la ville se sert (1).

De ce jardin on entre dans un autre qui est séparé par une basse muraille. Ce second n'est proprement qu'un parterre dans les compartimens duquel il y a des pièces grossièrement faites qui autrefois ont été plus belles. Elles représentent en buis romain, houx et autres arbrisseaux des oyseaux, des animaux tant terrestres qu'aquatiques.

Ce qui plus m'agrée et en dernier lieu est la rare veue qu'on a sur la rivière du gave qui passe à ses pieds et sur une agréable plaine, sur le fameux vignoble de Juranson où Bacchus faisoit autresfois cueillir le pampre et finalement sur les Pyrénées.

Au sortir de ce dernier jardin ny a qu'a traverser la largeur d'une rue pour entrer dans le parc qui est moitié en penchant et moitié en plaine. Son enceinte est fermée de bonne muraille, son estendue est grande. Ses arbres sont eslevés comme les cèdres du Liban et y ont esté apportés des montagnes prochaines. Sa longueur est de quelques treize cens à quatorze cens pas. L'une de ses allées qui est la plus belle tant par sa longueur que largeur servoit anciennement au roy Henry et à ceux de sa cour de divertissement pour la nuit. Et à présent il sert aux personnes d'honneur qui ayment ces débris. Un petit bastiment ou pavillon se void en ce parc. Là le même roy s'esgayait.

D'un autre costé du chasteau on descend à la Monnoye (2) ou

(1) 1615, Arch. des B.-P., B 3544, Travaux à la fontaine du château.
(2) Cfr. Blanchet, *loc. cit.*, p. 30.

B — 3

il se fabrique beaucoup entre autres des quarts qui sont marqués en un coing.

Je me doibs observer la fontaine publique qui par trois tuyaux fournit grande abondance d'eau. Elle est toute murée (1).

Le peuple de cette ville comme aussy de beaucoup d'endroits du Béarn y est beau à merveille. J'appelle beauté une blancheur esgale à la neige et une belle proportion de corps.

Le menu peuple use fort de la couleur bleue en ses habits et portent des petites fraisettes si bien qu'ils m'ont souvent remis en mémoire les Suisses qui sont ainsi habillés.

Les vivres sont chers et l'on n'est guère bien traité dans les hostelleries, quoy qu'on fasse beaucoup payer. Dans icelles communément au lieu de cruches ou pots de terre pour mettre le vin et l'eau ils se servent de cruches de bois (2).

Sortans de Pau nous traversasmes le gave sur un pont de bois. Puis nous fusmes par un pays charmant au bourg de Gend (3) esloigné de Pau d'une lieue, (c'estoit pour affaires qu'un des compagnons de voyage y avoit et non pour estre notre droit chemin) qui est fort beau et gay comme beaucoup d'autres lieux de Béarn. Il a une grande place, une belle église et de belles maisons, une petite rivière du nom de Neïs (4) qui vient de Rebenac a une lieue au-dessus. J'apprends cette curiosité touchant cette rivière que quasi à sa source elle a des fontaines de sel ce qu'on reconnoist pour estre en ces endroits l'eau salée. Elle nourrist de grosses truites meilleures que celles du gave.

Dans ce bourg de Gend est nay M. de Marca (5) qui y a sa maison paternelle et beaucoup de biens. Son père estoit vice-senéschal ou prevost du Béarn. Il a eu un sien parent evesque de Lescar. Pour luy chascun sçait ce qu'il a esté et ce qu'il est. Cy-devant il a occupé la quatriesme place de président dans le Parle-

(1) La fontaine publique ou fontaine Mélo. Dugenne, 2ª éd. p. 142.
(2) En bois cerclé de cuivre, c'est la *herrade*, Le *péga* désigne la cruche en terre.
(3) Gan, Cᵒⁿ de Pau-Ouest et arrondᵗ de Pau. Le Cœur, *Promen. Archéol.* Pau : Ribaut 1873, p. 163.
(4) Le Nees ou Neez prend sa source à Rébénac, arrose Bosdarros, Gan et Jurançon ou il se jette dans le gave de Pau.
(5) Sur Marca Cfr : Dubarat. *Notic. bibliog.* en tête de la nouvelle édition de l'*Histoire du Béarn*. Pau : Garet 1894. Marca avait été nommé le 28 janvier 1644 (p. xci). Le 1ᵉʳ juin 1644 il écrivait à Séguier en faveur de son fils (p. cvii) — Dugenne : *Maison de Marca à Gan* (*Album Pyrénéen* 1841 p. 33-37).

ment de Pau. Depuis il a fait durant longtemps la fonction de conseiller d'Estat et a présent (1644) il est evesque de Couserans et est visiteur général pour le roy dans la Catalogne. Il a un seul fils, Galactoire, qui est sur le point d'estre receu conseiller au Parlement de Pau.

De Gend nous vinsmes passer près d'un petit bois nommé Gelot (1) duquel il est curieux de sçavoir ce qui s'ensuit, sçavoir est, que toutes personnes des environs y peuvent venir prendre telle quantité de bois qu'il leur plaist. Mais avec cette condition qu'ils entrent dans iceluy tout nuds en chemise, y comptent leur bois et en sortent de mesme, car autrement s'ils sont surpris estans revestus de leurs habits, ils sont confisqués. En continuant chemin, nous vinsmes à

NAY (2)

ville du Béarn la plus agréable qui y soit à l'occasion de quoy on l'appelle communément Nay la jolie. Sa situation est en plaine et sur le gave béarnois ; son enceinte est médiocre ; son église belle, sa place publique fort grande, parfaitement quarrée, entourée de constructions. De quinze en quinze jours, les mardis, il s'y tient des marchés très célèbres où se rend quantité de bestail, de bleds, millocs et laines. Le peuple, tant hommes que femmes, y use fort de couleur bleue en ses habits, ce qui joint avec d'autres circonstances que jay oui dire autresfois, on compareroit cette ville à celles des Suisses.

A Nay nous passasmes le gave sur le pont de bois et eusmes bientost à cheminer par des vastes plaines remplies de millet. Cette sorte de chemin nous rendist à Coiraze (3), village sur le gave, où y a un chasteau qui appartient à la maison d'Albret autrement de Mioussens, l'une des plus qualifiées de ces quartiers. Leur chasteau montre sur son portail cette devise en lettres d'or

Lo que ha dezer no puede faltar (4).

Ce qui ayde à rendre ce lieu considérable est que Henry le Grand

(1) Gelos, Cᵒⁿ de Pau-Ouest arrondt de Pau.
(2) Chef-l. de cᵒⁿ et arrondt de Pau, avec une bastide qui a forcé les limites de son enceinte. Curie-Seimbres, *loc. cit.* p. 312. Le Cœur *loc. cit.* p. 274. Cassou : *Notice historique sur Nay*... *Mercure d'Orthez*, 9 et 16 janvier 1852.
(3) Dugenne : *Mémorial des Pyrénées* 28 janvier, 1, 5, 5, 7, 9 février 1843. — Le Cœur *loc. cit.* p. 262.
(4) Cette inscription est encore apparente. Corriger *dezer* par *de ser*

y fut nourry et eslevé comme ayant été trouvé l'un des plus propres qui fut dans tout le pays pour sa distance de Pau qui n'est que de trois lieues. De cette éducation royalle font mention les vues du chasteau de Bercy susdésignées :

> L'Aniou conceut Henry
> Pau lui donna naissance
> Coarase en eut le soin,
> L'esleve, le nourrit
> Et lui donne l'esprit
> Comme le corps a tout dès sa plus tendre enfance.

En effet ce prince y fut endurcy dès ses plus jeunes ans.

Une tour de ce chasteau qui s'appelle Horton est considérable pour l'histoire qui s'en raconte et laquelle si elle trouve moins de créance dans l'esprit de mon lecteur je le puis assurer que je tiens ce que je vais en dire de gens dignes de foy et que d'ailleurs il y a quelque suite d'icelle qui se perpétue encore dans ce lieu. L'histoire est telle. Il y avoit dans ce chasteau un esprit famillier que le seigneur d'iceluy entretenoit et qui lui servoit entre autres choses à lui rapporter tout ce qui se passoit au loin. Son nom estoit Hortum. Et par autant qu'il habitoit la susdite tour on lui en imposa le nom. Comme le seigneur se plaisoit extraordinairement à cet esprit familial, pressé d'un désir extrême de le voir sous quelque corps apparent il le conjure un jour de se rendre visible à luy. L'esprit le prie de se despartir de cette demande luy alleguant entre autres raisons que en se montrant il se perdroit soy mesme. Le seigneur le presse encore. L'esprit lui accorde enfin sa demande lui disant que la première chose que le lendemain il auroit à sa rencontre ce seroit luy. Arrive que le seigneur mettant au matin la teste à la fenestre vit dans la cour de son chasteau une belle paille dorée laquelle un porc noir faisait aller de part et d'autre. Mais comme le seigneur n'avoit pas d'attention à ce qui pouvoit estre caché dessous cela fut cause qu'il creut que l'esprit l'avoit trompé et luy manquat sa parole d'informer quelque corps sous lequel il se rendit visible. De la vint que le seigneur se trouvant avec son esprit se plaignit à luy de ce qu'il ne l'avait veu. L'esprit lui fit entendre qu'il n'avoit pas manqué et luy circonstancia comme le matin il avoit esté devant luy. Le seigneur lui répartit : « O bien il faut que je vous voye. » L'esprit lui répond : « Vous me gênez en exigeant cela de moy. » Le seigneur le presse dans sa volonté de sorte que le pauvre esprit contraint d'obéir le lende-

main en informant le corps d'une sale truye s'en vient dans la
cour du chasteau et pour lors le seigneur mettant la teste à la
fenestre et appercevant cette sale truye ne pensant a rien moins
que ce fut l'esprit et commande à ses gens de la chasser et en effet
ils la font sortir et des chiens qui se trouvaient à sa sortie la pres-
sant fort elle se retira dans un bois qui accompagne la maison.
Depuis l'esprit cessa d'y venir ny ne s'est oncques entendu en ce
chasteau, ce qui causa de grands regrets au seigneur d'icelui qui
l'avoit fort aymé. Mais dans le bois où l'esprit se retira on a entendu depuis ce temps et entend-on encore le bruit d'un si grand
nombre de corneilles que les nuits entre autres l'augmentent
en s'approchant vers le chasteau que les nouveaux venus en iceluy
s'y effraient et entrent en estonnement.

J'ay appris depuis mon retour qu'en ce village se font force
peignes (1) et iceux de fort belles sortes lesquels se transporten
mesme à Paris par Bayonne dans des grands vaisseaux : depuis
peu d'années des quantités se sont descouvertes et se descouvrent
encore chasque jour des mines de fer et autres.

A ce lieu de Coirase nous fallut passer le gave sur un pont de
bois et de là nous rendismes à

BETHARRAM (2)

lieu le plus célébre de dévotion qui soit en tout le Béarn et des
Pyrénées de toute la France. Il est aux monts Pyrénées scavoir
sur leur commencement et distant de la ville de St-Pé d'une lieue
et de deux grandes lieues d'Oloron ville épiscopale. A ses pieds il
a le gave béarnois qui y a un canal non fort large mais profond
plus qu'une pique n'est haute. En cet endroit se prennent dans
cette rivière des saumons et truites en grand nombre de belle
grosseur (3). L'air y est grossier. Ce lieu s'appelle Beauram aussi
bien que Betharram. Il est saintement effroyable. A en discourir
plus particulièrement, tant ce qui y est desja que ce qu'on me dit

(1) Ces peignes étaient réputés en Béarn à raison du buis employé.
(2) Sur ce sanctuaire, il serait aisé de dresser une table détaillée
aux points de vues bibliographique et iconographique. Nous renvoyons à l'intéressant et très-complet ouvrage de M. l'abbé Dubarat :
Bétharram et le Mont Valerien (Bull. de la Soc. de Pau t. XXIII,
1893-94 p. 25 et t. XXIV 1894-95 p. 323 : Tirage à part Pau 1897.) Ceci
confirme ce que dit l'auteur sur l'étymologie de Bétharram appelé
aussi *Beauram*.
(3) Voir la gravure de l'ouvrage de M. l'abbé Dubarat.

y faire, ce doibt estre une montagne haute deux fois comme le mont Valérien vers Paris qui sera toute remplie de chapelles et de cellules pour des pélerins (1). De quels noms elles seront, ce sera principalement de ceux qui peuvent mieux se rapporter au mystère de la Passion, car toute la montagne s'appelant le Calvaire, les chapelles d'icelle seront nommées l'une du Jardin des Olives, l'autre de la Flagellation, l'autre du St-Sépulchre et ainsi des mots approchans. Dans ces chapelles seront représentées les histoires dont elles portent le nom et ce avec grand artifice pour la sculpture. Sur le sommet est arboré le crucifix et les deux larrons (2). Pour le présent n'y a que peu de cellules de faites, mais chasque jour il s'en fait de nouvelles et dans une telle proportion que ce que l'on fait par exemple de la main gauche se fait aussi de la main droite et de mesme ligne.

La principale chapelle est au bas de la montagne. Elle est fort petite, a son principal autel fort bien paré et plus d'une quinzaine de lampes pendues, sans comprendre les belles pièces qui sont dans le thrésor (3).

Une douzaine de prêtres qui vivent en commun et de leur peine ne peuvent prétendre autre chose. On les appelle *Pères de la Mission*, qui est une des compagnies de ces sortes de pères introduits de nos jours : iceux ont pour chef un nommé M. Charpentier qui a encore un autre lieu de dévotion vers Paris, savoir le Mont Valérien qui a encore quelque chose s'approchant de Bétharram. Ces pères pratiquent entre autres cette dévotion que de jouer des borgues a chasque fois qu'on communie. Et tous les samedis s'il fait beau temps sur les quatre heures du soir, ils vont en procession au plus haut de la montagne faisans diverses stations aux diverses chapelles et preschent en langage vulgaire à plus de mille et quinze cents personnes. Or iceux ne servent pas icy seulement l'église, mais encore avec charité reçoivent les pélerins, les logeans dans un grand bastiment qui est destiné pour iceux, là où on est bien, tant pour les vivres que pour le service qu'on vous rend et le soin mesme qu'on prend de vos montures pour lesquelles y a une grande escurie. Au reste cette dévotion s'est introduite soubs le

(1) Cf. *Loc. cit.* pp. 3 et 27.
(2) Le crucifix fut planté par Mgr de Trapes et les trois croix dont il est parlé ici, le vendredi saint de l'année 1623, par Hubert Charpentier.
(3) Sur cette chapelle, Vr Menjoulet : *Chronique...* ch. XII.

feu evesque de Lescar (1) dans le diocèse duquel est Bétharram, c'est-à-dire qu'il n'y a pas plus de vingt ou vingt-cinq ans qu'elle a commencé. Son progrès est grand. M. de Marca fait l'histoire de ce lieu. Et les ouvriers finissent par advouer qu'ils voyent sous les charniers Sts Innocens la figure de Betharram que j'y ay veu rendre fort fréquemment.

.....Dans un autre moindre figure de ce livre y a un passage d'Isaye qui me semble trop beau pour estre icy obmis : « Il y aura aux derniers jours un mont préparé pour la maison du Seigneur au sommet des montagnes, il sera eslevé par dessus les collines et y viendront et afflueront toutes sortes de nations. » *(Isaye, ch. II.)*

Près de Bétharram se prennent force bisets (2).

Le lendemain 7 nous partismes de Bétharram sur les huit à neuf heures du matin et nous rendismes à Pau par le droit chemin passant pour cet effet à Coirase et N... et N... villages, toute cette traite, qui est de trois lieues, n'estant qu'une plaine qui est fertile en millets de toutes sortes d'espèces.

Nous arrivasmes à Pau environ à une heure et partismes sur les trois à quatre heures pour nous rendre par Mourlas à Escureix. Le lendemain 8 nous nous y rafraischismes. Le 9, je partis seul pour aller à Tarbe. Le chemin que je tins fut de passer par les villages de Bassillon (3) et N... qui sont dans le petit pays dit le Bibil. Continuant je rencontray le chasteau de Parabaye (4) qui est fort beau lequel appartient à un grand seigneur de mesme nom qui est gouverneur en Périgord.

En advançant plus outre je vins dans la Bigorre et première place de laquelle je rencontray

VIC SURNOMMÉ DE BIGORRE (5)

ville en très beau pays sur la petite rivière de l'Adour qui prend

(1) Il faut probablement : a été rétablie après les troubles religieux.
(2) Ce ne sont pas des bisets, échappés de colombiers ou pigeons fuyards que l'on prend, mais des colombins bleus qu'accompagnent les ramiers ou palombes allant vers les pays chauds.
(3) Cⁿ de Lembeye, arrondⁱ de Pau (B.-P.).
(4) Comté de Parabère à trois quarts de lieue de Vic , auprès de l'Echez. Colomiez, *loc. cit.* p. 262.
(5) Chef-lieu de canton, arrondissement de Tarbes,(H.-P.). Sur cette région en plus de l'ouvrage de Colomez, on consultera utilement *Sommaire description du païs et comté de Bigorre* par Mauran, soigneusement éditée par M. Balencie. Paris : Champion. Auch : Cocharaux 1887, p. 79. Colomez p. 253.

sa source près Bagnères à un lieu dit Medous (1) qui est un couvent de Capucins qui ont une source très abondante qui ayde à grossir cette rivière tout à coup. En tant que ville c'est peu de chose, néantmoins l'église y est belle et peinte. Pour les fauxbourgs ils sont beaux et ont un fort joli couvent de Minimes.

Ayant quitté Vic je passai par un très beau chemin rempli de millets, vergers et vignes qu'on surnomme le Verger.

Les sarmens de la vigne estans passés on les tient et les tire en bandes et joignant deux sarmens de seps différens par ensemble. En cette situation ils font parade de tous leurs fruits qui sont blancs pour la pluspart. Comme nous avons compris que les susdits arbres, à proprement parler servent d'eschalas et qu'ils tienent les branches de la vigne élevées de terre environ à la hauteur de trois ou quatro pieds, cela est cause que les raisins ayant à recevoir leur substance de la terre ne la peuvent recevoir si facilement pour en estre trop esloignés et partant demeurent verds.

Si la fable peut avoir part en ce discours, je diray que chasques arbres avec les ceps qu'ils supportent sont autant de nymphes lesquelles ont esté converties en ces arbres, que leurs corps sont les arbres et que leurs bras sont les branches des vignes et que voulant imiter encore quelque chose d'humain, elles se donnent la main les unes aux autres ; qu'au reste ce qui semble leur rester de consolation depuis cette fatale ouverture est la montre et la parade qu'elles font de leurs raisins.

C'est que le paysan qui exige de la terre plus qu'elle ne peut donner ne se contente pas d'avoir du mesme champ et du vin et du bois qu'il retire des arbres qu'on émonde chaque année, mais en outre par le vuide des arbres y sème ou du millet, ou du bled ou des légumes. J'adjouste que tout y vient et que la terre satisfait à tant de différents désirs de ses maistres, mais que pour cela ce qu'elle rapporte n'en vaut pas mieux.

Mais si bien la bonté du terroir est absorbée véritablement, sa beauté est augmentée inévitablement par tels meslanges. On

(1) Couvent fondé le 20 sept. 1616 par le don que fit de ce lieu aux capucins Suzanne de Gramont, épouse de Henri des Prés, marquis de Montpezat en Querey. Le travail de M. l'abbé Théas : *Notre-Dame de Médoux, aujourd'hui Notre-Dame d'Asté*. Paris : Lelhielleux 1887 ; 2° éd., Tarbes, Larrieu, 1896, résume les précédents. Ce lieu de promenade est bien connu des baigneurs de Bagnères.

appelle autrement les vignes vergers hautins, comme qui diroit
qu'ils sont haut plantés.

Pour la partie de la suite de ma course je vins à

TARBE (1)

capitale de la Bigorre quasi au milieu de cette province à la prendre
en sa traverse, je veux dire en sa largeur et non en sa longueur
qui est de dix lieues. Sa situation est en plaine aussi belle, char-
mante que contrée que j'aye veu jusques à présents icelle remplie
de vignes, vergers et millets distans de trois lieues des Pyrénées
qui se descouvrent fort facilement. La rivière de l'Adour y passe à
l'endroit qu'elle s'approche de Tarbes : elle est divisée en divers
canaux médiocrement longs et non plus hauts que d'un pied lesquels ont esté faits en la quantité qu'on les void et ont esté conduits
autour de la ville pour recevoir la commodité que les eaux ont
coustume d'apporter tant par les moullins qui sur icelle sont en
bon nombre qu'autrement. Pour les truites elles y abondent (2).
Cette disposition de canaux m'a fait ressouvenir de la ville de
Troyes en laquelle en ce point je la comparerois.

Les Pyrénées, etc.

La ville est extrêmement longue, mais fort peu large, et est traversée d'un bras de l'Adour. Cette longueur est divisée en trois
parties qui sont comme autant de petites villes dispersées pour
avoir entre deux sçavoir de l'une à l'autre des espaces vuides assez
larges et pour avoir des fossés et canaux d'eau.

Les maisons y sont médiocrement belles. Les places publiques
sont si spacieuses qu'on veut, car c'est hors la ville qu'on tient les
marchés et foires. Les Eglises sont : la grande qui est la cathédrale; elle est bien belle, elle est bastie en croix et a un dôme (3).

Les chanoines s'y réunnissent d'une façon assez particulière,
couverts d'un petit camail noir ni plus ni moins que les evesques
et ne portant point haumusses. Leur revenu est de quelques....

Les Cordeliers (4) ont une belle église et leur couvent encore

(1) Tarbes chef-lieu du département des H.-P. Cfr : Mauran *loc. cit.*
p. 60; Colomez *loc. cit.* p. 145.
(2) Mauran dit que les truites et les loches y sont les poissons « les
plus connus » *loc. cit.* p. 76.
(3) Églises. Cénac-Moncaut *Voyage archéol. et histor. dans l'ancien
Comté de Bigorre.* 1856, pp. 26, 60; B. de Lagrèze *H^{re} relig. de la
Bigorre* p. 142.
(4) Aujourd'hui remplacés par l'Hôtel des Ambassadeurs. Baso. de
Lagrèze, p. 142.

plus beau. Dans leur cloistre, scavoir au chapitre, est un tombeau de pierre contre la muraille portant la statue d'un homme aux pieds duquel il y a une levrete couchée. Cecy est mutilé. Mais l'histoire qui se raconte à cette occasion est trop mémorable pour estre icy obmise. Celuy qui est sur ce tombeau est un certain seigneur de Bosbénac (dont la maison est à deux lieues de Tarbes et la parenté continue qui est de la plus grande noblesse du pays tant en revenus qui se montent à 40,000 livres que ancienneté' lequel du temps de St Loys estant obligé d'aller à la guerre sainte parla à peu près en ces termes à sa femme : « L'employ que je me suis cherché est tel que vraysemblablement je ne retourneray jamais en ces quartiers, ains demeureray dans les rencontres et hazards où chasque jour je m'exposeray. Je prévois que comme vous aurez advis de la nouvelle de ma mort ou mesme que mon absence continuant plusieurs ans sans que vous entendiez rien dire de moy, que aussi tost plusieurs seigneurs de nostre voisinage vous recher-cheront en mariage, parmy lesquels pourroit estre le sieur des Angles, mon ennemy capital, comme vous sçavez. A ce subject j'ay à vous prier de le refuser en sa demande, en considération de nostre hayne. J'exige cette fidélité de vous, comme je vous promets de vous garder toute celle que vous pouvez désirer de moy. La femme promit à son mari d'effectuer ce qu'il lui recommandoit, touchant le refus du sieur des Angles, en cas qu'il la sollicitast jamais de mariage. M. de Bénac s'en va à la Terre Sainte où il fut sept ans aux guerres. Le malheur voulut qu'il fût fait prisonnier et en cette qualité demeura treize ans en prison. Tout le temps joint ensemble faisoit vingt ans d'absence. C'est pourquoy il y avoit bien du subiect de croire qu'il estoit mort, veu que l'on n'avoit point entendu du tout de ses nouvelles. Sur cette très-appa-rente et probable considération sa femme fut recherchée en mariage de plusieurs et nommément du seigneur des Angles auquel sans songer à ce qu'elle avoit promis à son mari elle s'engagea sy fort que des fiançailles on estoit prest de solemniser les espousailles en face d'Églize.

Cependant le seigneur de Bénac, vray mary, estoit destenu en prison et comme il estoit, ne pouvoit avoir advis de ces choses là, ny mesme ne songeoit rien de pareil jusques à ce que le diable s'apparoissant à luy, soubs l'habit d'un gentilhomme luy demande quel estoit l'ennemy qui le pressoit si fort de le voir dans un desplaisir extrême de la vie si c'estoit sa demeure en prison ou s'il avoit rien appris de sinistre (1). Le seigneur de Bénac luy reppartit que sa détention en était la cause. Autre chose répartit le diable vous faschera bien plus si je vous le dis. C'est que vostre femme demain se doibt marier avec le seigneur des Angles. Mais si vous voulez me promettre ce que je vous demanderay, je vous rendray si à propos vos qualités que vous empescherez que cela ne soit. Ne tient qu'à vous accorder ce que vous me demandez ? dit le seigneur de Bénac. Vous me ferez, adiouste-t-il, response de quoi que ce soit. Le diable luy dit : Ne prétends autre chose sinon que tu me donnes le reste de ton desjeuner de demain. Cette demande fut rendue et promise volontiers de la part dudit seigneur de Bénac. Aussi tost le diable le sort de sa prison et par le vuide des airs vous le transporte en un moment près de son chasteau sçavoir à une de ses métairies là où près d'une jolie fontaine le seigneur de Bénac et le diable se réunirent. Durant leur repas, le seigneur de Bénac ayant ce qu'il voulait prétendre du diable et ne lui voulant rien tenir de ses promesses usa de cet artifice de sa mort pour se deffaire de luy. Sçavoir est il marqua d'un costé de la fontaine à l'autre ce qui imitait une ligne droite puis des autres cotés de travers en fit-il autant. Et ainsi subtilement fit le signe de la croix à la vue duquel l'ennemy de ce saint caracthère prenant l'espouvante et la fuite laissa libre le seigneur de Bénac lequel se retirant se transporta par ses terres et là s'informa des métayers et autres de ce qui se disoit de nouveau en ces quartiers, On lui respond qu'entre autres le lendemain le seigneur des Angles devoit espouser la dame de Bénac.

A ces paroles, il advance son chemin et se rend le lendemain à l'église si à propos que comme il y entroist le prestre publioit le troisiesme banc et devoit ensuite espouser le seigneur des Angles et la dame de Bénac. Si jamais homme fut estonné, ce fut le seigneur des Angles voyant jusques où cette affaire estoit advenue. Surpris, desconvenu et comme hors de soy mesme il s'escrie : « Je m'y oppose, je m'y oppose. » Un chascun est en estonnement et d'autant plus qu'on le voyoit mal habillé, hideux de visage, qui (ne) portoit les marques de l'honneur dont il manquoit dans sa captivité. Quelques-uns le jugent fol, d'autres disent qu'il le faut

(1) Ce membre de phrase est assez obscur.

escouter. On l'interroge donc à raison de quoy il s'opposoit. Pour
ce, dit-il, que c'est ma femme. Un chascun plus s'estonne qu'auparavant et la femme mesme. Oui, oui, vous estes ma femme et
moy réciproquement vostre mary. Ressouvenez-vous de telles et
telles choses qui se sont passées entre nous et nommément, en
tirant de sa poche une partie de bague d'or : Reconnaissez cette
pièce et advouez que vous avez le reste de cette bague. Ah ! je ne
vous connais pas, dit la femme. Pour lors il s'informe si dans sa
maison il n'y avoit pas certaine levrete dont il avoit retenu le nom.
Il lui fut répondu qu'ouy. Faites-la venir, dit-il. On la luy mesne
et alors l'appellant par son nom elle luy accourt, luy saute au col
et le festoye comme son maître. Voyant les caresses de cet animal
faut-il (adioustoit-il) que les bestes conservent mieux le ressouvenir des hommes que les hommes mesmes. Cependant les diverses
circonstances qu'il adiousta rompirent la fin de ces nopces préten-
dues et luy remis dans ses biens et reconnu pour qui il estoit ne
voulut point revoir sa femme disant qu'elle l'avoit mesconnu. En
cette résolution de surseoir à sa compagnie et d'ailleurs désireux
de faire pénitence de la faute qu'il avoit commise en prenant le
secours du diable, il se résolut d'entrer dans une maison religieuse.
Celle qu'il choisit fût celle des Cordeliers dans laquelle il fit construire son appartement lequel de son nom s'appeloit le quartier de
Bénac qui n'y a pas huit ans estoit encore sur pied. Là il passa ses
jours saintement et fit plusieurs biens à cette famille. On lui a
dressé son tombeau et adjousté une levrete à ses pieds pour la
fidélité de cet animal.

Les Carmes (1) ont aussi une belle église : dans icelle, à main
gauche du maistre autel, se lit en lettres d'or sur marbre noir cet
épitaphe :

AUDI VIATOR ET DISCE. NUSQUAM MORITUR QUI BENE VIVIT. VIVIMUS
AUTEM PER BONA OPERA. HÆC SUNT VERA PROLES ET ASPERA CŒLI
PIGNORA. TALI VITA VIXIT NOBILIS VIR BERNARDUS DESCOIGNON ET
MORIBUS AB EA NON DISCESSIT. DEDIT ENIM COR DEO, DEIPARÆ VIRGINI
ET PATRONO; BONA PAUPERIBUS, RELIGIOSIS, FAMULIS, COGNATIS ET
DILECTÆ CONJUGI. CORPUS HOC HUMILI FRATRUM TUMULO SINE POMPA
(NON TAMEN SINE HIS PRECIBUS) INCLUDI VOLUIT. VALE ET TU FAC
SIMILITER. OBIIT AD AN. 42. AN. DNI 1630.

Pour les églises de cette ville j'ay remarqué une coustume qui

(1) Carmes : A. Cazabonne : *Les églises de Tarbes.* 1re notice.
Eglise Ste-Thérèse (Carmes) Paris : Penon 1864 in-8°.

se pratique, qui est de mettre un drap noir de la grandeur d'une tombe sur les fosses de ceux qui sont enterrés et les laisser pendant un temps. Au reste cette ville a pour titre d'honneur un evesché qui est suffragant de l'archevesché de [Aux]. Il est du revenu de 40000 l. et celuy qui à présent le possède est [Salvat Diharse] (1).

Le nombre des paroisses qu'il contient est de 00 (2). Pour la justice il y a un seneschal (3) où ressort tout le district de la Bigorre. Et pour la police il y a huit consuls, un pour chasque quartier de la ville qui se divise en huit parties. Il se tient icy de grands et célèbres marchés les jeudis de quinze en quinze jours. On les peut certainement comparer à de bonnes foires qui se tiennent en autres villes. Ce qui s'y vend par dessus tout est du bestail et des laines et bleds et millets.

La principale noblesse qui est aux environs de cette ville est le seigneur de Gramont qui y possède les seigneuries de Sévinhac (4) qui n'est qu'à un quart de lieue, Asté (5), les Angles (6) et autres.

Le seigneur de Bois Bénac (7) qui a son chasteau de mesme nom à une lieue et demie de Tarbe et entre cette ville et Barège.

Le 10 septembre partans de Tarbes je me destournay d'un quart de lieue pour aller voir le chasteau de Sevinhac pour auquel arriver j'eus à passer plusieurs lieues de l'Adour les unes à gay, les autres sur un pont et à traverser un paysage charmant et délicieux au dernier point rempli de millets et de force vignes, vergers, lesquelles comme elles sont entourées de hayes fort espaisses qui sont tenues en belle disposition ni plus ni moins que des palissades. Cela est

(1) Salvat II Diharse (Rev. de Gascogne, t. xx. 1879 p. 142, 526.

(2) 296 paroisses environ et 101 annexes. Monlezun, Hist. de la Gasc., t. v, p. 556.

(3) Il rendait la justice dans le vieux château des comtes de Bigorre.

(4) Séméac et non Sévinhac, cfr. Bladé : Le Duché-Pairie de Gramont (B. de Géogr. histor.. et descrip., 1898, n° 1, Tir. à part).

(5) Canton de Campan , arrondissement de Bagnères-de-Bigorre (H.-P.) à l'entrée de la gorge de Lhéris. (Rev. d'Aquitaine t. I. 1857, p. 223.)

(6) Canton de Lourdes , arrondissement d'Argelès (H.-P.), une des douze grandes baronnies de la Bigorre. Mauran loc. cit. p. 60 note 3. Colomez loc. cit. p. 227. J. D. Les Angles « Anguli. » Rev. de Gasc. t. xxxv. 1894. p. 250.

(7) Canton d'Ossun, arrondissement de Tarbes (H.-P.) Baronnie fort importante, composée de plusieurs villages. Mauran p. 60 note 2. Bos de Bénac est cité parmi les barons de Bigorre dans une enquête de 1300. L'aventure fabuleuse contée plus haut est encore écrite sur la cheminée de la chambre du chevalier. Colomez p. 228.

cause que nous nous imaginons estre dans des jardins continuels
dont ces chemins sont les allées les plus délicieuses. Quant au
chasteau de Sevinhac, c'est un bastiment vieil en partie et en partie
neuf qui appartient à la maison de Grammont là où estoit mort
quelques mois auparavant que j'y passasse le dernier seigneur de
cette maison (1).

Reprenant mon chemin je passai au village d'Aureilhan (2) qui
n'est qu'à demi lieue de Tarbes. Je l'ay remarqué pour la quantité
de bandes de laine qui s'y font, lesquels dans le pays on appelle
bérets et lesquels le peuple porte sur leurs testes au lieu de
chapeaux. C'est tousiours la Bigorre laquelle a quantité de fort
beaux millets et force vignes nommées hautins (3) ou vergers
entourés de hayes qui sont travaillées de palissades si bien qu'on
peut dire que c'est un jardin perpétuel. Pour le peuple il s'habille
pour la pluspart d'estoffes teintes en bleu, ont leurs hauts de chausse
fort plissés par le bas et portent de petites fraises avec des bonnets
plats, si bien qu'il y a là suffisamment pour les comparer à des
Suisses. Par ce chemin je me rendis de rechef à Vic et ce pour
n'avoir pas bien sceu ma route.

Avant de quitter Vic je vins a demi-lieue voir St-Lézé (4) qui
est un village où y a un bon prieuré de 900 escus de revenu.
L'église est ancienne et assez belle.

Près d'icy se fait la séparation du Béarn et de la Bigorre. C'est
pourquoy de la en avant j'eus à cheminer dans le Béarn et mesme
dans la partie d'icelui qu'on appelle le Biobil (5) pour premier lieu

(1) Il s'agit d'Antoine II de Gramont, fils de Philibert et de Diane
d'Andoins, vice-roi de Navarre, gouverneur et maire héréditaire de
Bayonne, qui assista au siège de Lens (1594), au combat de Fontaine-
Française (1595), duc et pair en 1643, mort en 1644.
(2) Canton nord et arrondissement de Tarbes (H.-P.) Godefroy
s'éloigne de son chemin, sur la droite.
(3) Les *hautins* étaient réputés. Marca, *loc. cit.* p. 801 — E. Reclus :
La France p. 142.
(4) Canton de Vic arrondissement de Tarbes (H.-P.), MM. Rosapelly
et de Cardaillac, dans la *Cité de Bigorre* (Paris : Champion 1890) sou-
tiennent la thèse de l'identification du *Castrum Bigorra* de la Notice
des Provinces avec ce village et concluent que là se trouvait le chef-
lieu primitif de la cité de Bigorre. M. Balencie est « presque sûr que
Tarbes a été, dès l'abord, le chef-lieu de la cité de Bigorre » et estime
que St Lezer fut « le château de Bigorre. » *Rev. de Gasc.* t. xxxii.
1892. p. 419-438.
(5) Le Viobilh, pays, arrondissement de Pau (B. P.), borné au N.
par le Tursan et l'Armagnac, à l'E. par la Bigorre et le Montanérès, au
S. et à l'O. par le Béarn proprement dit, suivant une ligne qui passe-
rait par Limendoux, Espéchéde, Ouillon, Higuères-Souye, Anos,
St-Armou, Thèze et la limite des arrondissements de Pau et d'Orthez
(P. Raymond, *Dict. top. des B. P.*, p. 174).

duquel je rencontray

MONTANET (1)

village sur les frontières du Béarn et Bigorre. Le chasteau qui s'y voit le rend considérable et renommé en ce qu'il est extrêmement fort pour sa situation qui est au plus haut d'une médiocre montagne, dont les penchans sont couverts d'un beau vignoble et terres labourables et pour l'espaisseur de ses murailles et terrasses lesquelles deux carrosses pourraient passer de front. Sa forme est parfaitement ronde ayant à certaines distances des tours quarrées et à un endroit un dongeon fort haut eslevé. Le roy y entretient une morte paye de 25 hommes soubs un gouverneur qui est M. d'Artignac (2), homme de marque de ces païs la lequel est beau-frère de M. de Gassion, j'entends parler du Président de Pau et du mareschal son frère. Ce gouverneur a représenté depuis peu au Conseil l'importance qu'il y avait de conserver ce lieu et qu'aussi le falloit réparer. Sur quoy luy ayant esté demandé quelle somme estoit nécessaire pour cette fin, il dit qu'il falloit un million. Le Conseil ayant délibéré sur cette affaire a jugé plus à propos de luy donner cette place en propre à la charge qu'il la gardera à ses dépens.

De ce costé cy il y a de grands bois de chastaigners et chesnes. Aussi y a-t-il force landes.

De Montanet j'eus à traverser un pays de landes durant deux lieues pour me rendre à

LEMBEYE (3)

ville capitale de la partie du Béarn qu'on appelle *Bicbil*. La signi-

(1) Chef-lieu de canton, arrondissement de Pau, dont le château a été reconstruit en 1380 par Gaston-Phœbus. — Abbé Marsillon : *Monographie de la commune de Montaner (Congrès scientifique de France, Pau, 1873, t. 2, p. 273-310)*; *Histoire du Montanerez (Bull. de la Soc. de Pau, 2ᵉ série, t. VI, p. 76-77-149)*. — Cénac-Moncaut : *Voy, archéol. et hist. de l'ancienne vicomté de Béarn*, 1856, p. 95-6. — Le Cœur, *loc. cit.*, p. 314.

(2) Henri de Montesquiou d'Artagnan, nommé en 1627, qui avait épousé Jeanne de Gassion, huitième enfant du Président Jacques de Gassion et sœur du célèbre maréchal, du maréchal de camp Gassion-Bergeré, de Pierre, évêque d'Oloron.

(3) Chef-lieu de canton de l'arrondissement de Pau, autrefois de l'archidiaconé de Lembeye et du parsan de Vicbilh « que les habitants disent pourtant par raillerie estre la plus grande ville du monde, à cause que Lembeye signifie en français l'envie. » Marca, *loc. cit.*, p. 255. — Badé : *Notice archéolog. sur l'église de Lembeye. (Bull. de la Société de Pau,* 1841, p. 40-47). — Le Cœur, *loc. cit.*, p. 313.

fication de son nom est l'ENVIE. Cette ville est grandette, a d'assez belles maisons et une grande place comme aussi de grands jardinages. Elle a beaucoup d'huguenots lesquels y ont un temple. Pour les catholiques ils y ont une belle église.

Fort près d'icy est le chasteau de Sansons (1), l'un des plus beaux de tout le Béarn. Son bastiment est quarré et accompagné aux coins de quatre tours. Son toit est couvert d'ardoise avec du plomb. Il appartient à un gentilhomme qui en prend le nom lequel est de la maison de Mioussens.

De Lembeye n'y a qu'un quart de lieue jusques à Escureix où je me rendis et couchai chez mon bon et charitable hoste.

J'y passai encore tout le jour suivant 11.

Le 12 ayant à faire quelque visite à sept lieues loin, nous partismes, M. de la Grange, et moy sur les six heures du matin. Nous passâmes par Morlaas et nous rendismes à Pau. De Pau nous fismes par une belle plaine une lieue qu'il y a jusqu'à

LESCAR (2)

ville de Béarn située sur le sommet et le penchant d'une colline esloignée du gave de quelque demi lieue et des Pyrénées de quatre. Elle a veue sur un fort beau et petit pays. Sa dignité est épiscopale en laquelle elle est suffragante de [Aux]. Son diocèse comprend [178] paroisses. Celuy qui tient aujourd'huy cet evesché est [Jean du Haut de Salies].

L'église cathédrale est bien belle (3). Son chœur est bien remarquable pour ses menuiseries qui sont aux chaises des chanoines qui ont des hautes statues de demi-relief (4).

Il y a plusieurs épitaphes entr'autres d'un Sancion, d'un Marca (5).

(1) Canton de Lembeye, arrondissement de Pau, Jean-Marc de Miossens, seigneur de Samsons, comte de Sadirac, en était alors le seigneur. De Beaumont : Pièces inéd. tirées des Arch. de la maison de Miossens-Samsons. (Bull. de la Société de Pau, t. XXIV, 1895, p. 1).

(2) M. Barthety en est l'historiographe et il n'y a pas à citer les études diverses qu'il a consacrées à sa ville natale, toutes si curieuses.

(3) Sur l'église Cfr. : Cénac-Moncaut, loc. cit., p. 47-62. — Abbé Laplace : Monog. de N.-D. de Lescar. Pau, Vignancour, 1863.

(4) Gorse : Les Caron : Une famille de sculpteurs Abbevillois en Béarn aux XVIIe et XVIIIe siècles. (Bull. de la Société de Pau, t. XVII, 1887-88, p. 145).

(5) Des Sanche ou Sancius, évêques; Jean de Marca, chanoine, membre du conseil souverain de Béarn, oncle paternel de l'historien, fort probablement.

Dans le cloistre qui est attenant l'église est l'épitaphe d'un evesque (1).

Les chanoines d'icy sont vestus comme ceux de Tarbe. Ils sont au nombre de [seize]. Leur revenu est de [24000 livres].

Les Jésuites ont ioy un collége (2).

Les maisons de la ville sont belles. A celle de l'Evesché on y remarque la cheminée de la cuisine comme l'une des plus grandes et eslevées de la France,

Le lendemain nous partismes de ce lieu, cheminasmes par une belle plaine et traversasmes le gave, vismes force villages et chasteaux et nous rendismes sur les dix heures à

MONINS (3)

ville du Béarn, bien longue, qui a une grande place. Son église est bien belle. Pour la ville elle est de sept ou huit seigneurs. Il y a un des quatre barons du Béarn qui en porte le nom (4).

De ce lieu nous partismes sur le midy et de là en avant ayant à nous en retourner vismes le même chemin qu'à l'aller. Du reste de cette journée ce que nous fismes fut de revenir à Lescar, Pau et Morlàas où nous couchasmes.

Le 14 vinsmes de Morlàas à Escureix et Castetnau de Rivière Basse.

Le 15 de Castetnau à Vic-Fezenzac.

Le 17 de Lectoure à Moissac.

Le 18 de Moyssac à Montpezat ayant en tout demeuré vingt-un jours en voyage.

Or comme cette traite est la mesme route de l'allée, cela est cause que je ne dis rien puisque tout ce qui s'en pourroit dire est escrit cy-dessus. Néantmoins pour vous entretenir pendant ces six derniers jours, voir par appendice de ce voyage la description du Béarn et des Pyrénées.

(1) Ceci confirme la présomption de M. Barthety que le cloitre n'avait pas disparu au temps de Marca : *La mosaïque de la cathédrale de Lescar.* (*Bull. de la Société de Pau,* t. XVI, 1886, p. 45, note 4).

(2) On a vu plus haut que les Barnabites étaient établis à Lescar.

(3) H. Bacquès : *Souvenirs historiq. du Béarn.* Paris, Dentu , 1879, p. 9. — Cenac-Moncaut, *loc. cit.,* p. 72. — Le Cœur, *loc. cit.,* p. 242.

(4) Petite baronnie, créée par Henri II en 1545.

DESCRIPTION DU BÉARN PAR LOUIS GODEFROY, EN 1646
AU MOIS DE FÉVRIER

Le Béarn confronte avec le comté de Bigorre, l'Aragon, la vallée de Soule, la Basse-Navarre, le comté d'Armagnac et les Monts Pyrénées (1). Sa longueur peut être de   lieues, sa largeur de   et son circuit de   lieues. Il se subdivise en plusieurs parties qu'on appelle parsans comme qui dirait portion. Les noms de quelques unes sont le Bibil dont le principal lieu s'appelle Lembege, la Rivière, c'est-à-dire la Plaine du Gave, la Rivière de Lassoin, les Lanes, autres que celles de Bordeaux, le Morlanais dont la capitale est Morlaas et autres (2). Son paysage est montueux en beaucoup d'endroits et en d'autres il s'estend en des vastes plaines. Il est arrousé des rivières du Gave Béarnois, de l'Adour, de Neis, etc. (3).

Son air est trompeur. Les tonnerres y sont très fréquents et plus éffroyables qu'autre part pour le voisinage des montagnes, parmi lesquelles il semble se renforcer, s'entrechoquer et retentir plus vivement qu'en autres lieux. Aussi y arrive-t-il des changements bien soudains dans le temps, se rencontrant souvent que d'une mesme journée la moitié ayant esté fort belle, tout à coup les foudres, tonnerres et gresles y surviennent.

La plus belle saison dont il jouisse est l'automne, lequel par excellence on appelle l'automne béarnois. La chaleur pour lors s'y ressent davantage qu'en esté. En outre on y fait la récolte des fruits.

Le Béarn a deux villes épiscopales : Lescar et Oloron. *Abbayes* : St-Pé, Sordes, etc (4). Un Parlement : Pau. Deux Chambres des comptes semestres : Pau et Nérac. Deux Sièges de seneschal N. et

(1) La Gascogne (Chalosse et Tursan) et le duché de Gramont.

(2) Au XVIIIe s., 12 parsans, P. Raymond. *Dict. top.* v° *Béarn*, p. 25.

(3) L'Adour n'arrosait pas de village béarnais ; le Neez est un bien petit cours d'eau peu digne d'être cité quand on omet les divers gaves importants d'Aspe, d'Oloron, d'Ossau, les Luy, etc....

(4) Godefroy cite les seules abbayes qui ne soient pas béarnaises. Pas un mot de Luoq, Sauvelade, Larreule, St Sigismond, etc....

St-Palais (1). Les chasteaux principaux et plus signalés sont.....
Le nombre de ses paroisses est de.....

Liste de quelques lieux de Béarn : Voici quelques lieux principaux suivant l'ordre alphabétique :

Beauran ou Bétharram est dans le diocèse de Lescar, au commencement des Pyrénées et à trois lieues de Pau. C'est un lieu de dévotion très célèbre.

Coirase est un chasteau de la maison de Mioussens où Henry IV fut eslevé.

St Cricq est un chasteau sur les limites du Béarn et (du) Basque (2). Lembeye......

Lescar est une ville sur le sommet de la pente d'un costeau, à une lieue de Pau et demie du Gave. Elle est épiscopale et suffragante de l'Archevesché d'Aux et est du ressort du Parlement de Pau. Son evesque se qualifie baron. Il y a collége de Jésuistes. Pap. Mas. in Not. Episc. Gal. ou Gal. Christ. ou bien encore Myracus en parlant de l'evesché de Lescar disait ce qui s'ensuist : Lescar ou Lascar autrefois Bearnus ou Bearnum de Béarn contient 400 tant villes que villages et 706 gentilshommes soubs l'archevesché d'Aux et le Parlement de Pau (3).

Est en Bigorre : Madiran (4) est un village où il y a un prieuré de 500 escus de revenu qui appartient aux Jésuistes de Pau. Là se void une merveille de la nature qui est que dans une caverne où l'eau tombe continuellement, à mesure qu'elle cheoit elle se convertit en pierre qui représente divers tétins de toutes sortes d'animaux parmy lesquels il y a mesme de ceux des femmes. Et ce qui augmente la merveille c'est que des bouts d'iceux sort une certaine eau à laquelle on attribue cette vertu que d'estre favorable pour les mammelles de femmes en les leur ouvrant et leur provocquant la sortie de leur laict.

Mioussens village et comté est à trois lieues de Pau. Il y a une

(1) Il existait des sièges de sénéchaussée à Pau, Morlaas, Orthez, Oloron et Sauveterre. St Palais eut un sénéchal créé en juin 1624, supprimé le 10 décembre de cette année et rétabli en 1639.

(2) St Cricq du Gave, canton de Peyrehorade, arrondissement de Dax (Landes) dans la justice de la vicomté d'Orthe, qui dépendait du sénéchal-présidial de Dax (Landes).

(3) Lobret mentionne 453 entrées aux Etats.

(4) C^on de Castelnau-Rivière-Basse, arrond^t de Tarbes (H.-P.), célèbre par ses vins.

grande maison du Béarn qui porte le nom d'Albret qui se fait appeller du nom de cette terre (1).

Monins est une villette où il y a belle église. Elle appartient à sept ou huit seigneurs dont l'un s'appelle baron de Monins.

Montaner est un fort chasteau s'approchant de la Bigorre.

Morlas est la capitale du Morlanois. C'est là où on bat les baquetes, monnoye si chétive qu'il en faut quatre pour un liard.

Nahy est une ville sur le gave bearnois. On la surnomme la Jolie. Là se tiennent des célèbres marchés de quinze en quinze jours qui sont à comparer à des bonnes foires. Les habitans d'icy imitent fort les Suisses et leur façon de s'habiller.

Navarrins est une forte place (2).

Oloroc est une ville épiscopale, suffragante de l'archevesché d'Aux et relevant du Parlement de Tolose. Son evesque se qualifie baron (3).

Orthez est une viscomté joignant le Béarn et Basque. On y a un beau chasteau (4).

St-Palais est une ville où il y a siège de sénesbal (5).

Pau est la capitale de Béarn. Elle a un Parlement et Cour des Comptes. On y bat monnoye. Les Jésuistes y ont un très magnifiqué collége. On y void un chasteau des plus considérables de France là ou Henry IV naquit. Le couvent des Capucins est des plus beaux qu'ils ayent.

St-Pé (6) est une petite ville où est une petite abbaye de mesme nom située sur le gave béarnois. Icy se font une infinité de peignes de buys lesquels on transporte à Bayonne là où on en remplit des vaisseaux entiers qui ensuite sont conduits à Paris.

Salyes est une petite ville à deux licues de Sauveterre, trois d'Orthez et sept de Pau. Elle porte le nom de Salyes a cause d'une

(1) Canton de Thèze, arrondissement de Pau (B.-P.), était la sixième grande baronnie de Béarn.

(2) Chef-lieu de canton de l'arrondissement d'Orthez (B.-P.).

(3) Chef-lieu d'arrondissement Son évêque était baron. Cette ville se trouvait dans le ressort du Parlement de Pau.

(4) Orthez était en Béarn et ne joignait pas le pays basque, mais les Lannes.

(5) Chef-lieu de canton, arrondissement de Mauléon (B.-P.).

(6) Canton et arrondissement d'Argelès (H.-P.) était en Bigorre. Sur son abbaye v^r Marca (*Hist. du Béarn* p. 245) et les travaux publiés dans *l'Annuaire du Petit Séminaire*.

fonteine de sel de l'eau de laquelle on fait beaucoup de sel. Cela appartient au mareschal de Gassion qui l'a achepté du Roy 90,000 livres et y retire annuellement 18,000 livres de sel (1).

Sanssons est un très beau chasteau dans le parsan de Bibil qui appartient à un gentilhomme de mesme nom.

Sauveterre est une ville renommée pour la beauté et propreté des béarnoises (2).

Sordes est une abbaye à une lieue de Salyes (3).

Façon de bastir. Les maisons des villes y sont basties pour la pluspart de cailloux qui se trouvent dans les rivières. Au bout de quelques années on crespit les murailles. Les toits à la mode de France vont fort droit : ils sont couverts plus commodément de merrein et le sont aux rangs plus hauts et plus bas de merrein et entre iceux rangs, de tuile. Celles de la campagne sont de..... Les granges sont couvertes de paille.

Noms des Bearnois tant es villes que les champs. Les habitans de Béarn s'appellent Bearnois et par sobriquet Bernicots lequel mot je pense signifier quelque injure. Ils sont frais et blancs tant pour estre voisins des montagnes qui les mettent a l'abry des ardeurs du soleil et leur entretiennent une continuelle fraîcheur, que pour user beaucoup de laitages. D'ailleurs ils sont gais. Leur langage s'approche fort de celuy de Gascongne, néanmoins celuy cy me semble plus agréable. On les accuse d'être doubles et dissimulés. Je les ay remarqués humbles au dernier point envers les personnes qui paroissent tant soit peu. Les deux religions y sont en exercice. Cy-devant le nombre des huguenots était incomparablement plus grand que celui des catholiques. Ils ont cette coustume qu'un père venant à mourir sans faire testament, son aisné est toujours héritier, les autres n'estants que légitimaires.

Beaucoup de gentilshommes sont appelés abbés séculiers, comme jouissans des dismes infeodez. Beaucoup d'entre eux se rendent fermiers des bénéfices.

Pour les villageois ils sont extrêmement laborieux jusques là

---

(1) Chef-lieu de canton, arrondissement d'Orthez (B.-P.). Les Gassion y avaient des droits.

(2) Chef-lieu de canton, arrondissement d'Orthez (B.-P.).

(3) Canton de Peyrehorade, arrondissement de Dax. M. P. Raymond en a publié le Cartulaire.

que les garçons porchers ou bergers, en gardant leurs troupeaux,
ont des quenouilles à leur costé et filent. Les hommes y portent
des cappes (mandils) ou hocquetons et de grands bonnets plats sur
la teste, avec de petites fraisettes au col : usans d'ailleurs en leurs
autres habits, quasi de la seule couleur blanche.

Pour les femmes vous diriez qu'elles soyent toutes des religieuses : en imitant comme elles font leur façon de s'habiller. C'est
principalement dans le Bibil où j'ay fait ces remarques. Et je présume qu'en autres parts du Béarn le mesme se faict. Ces mesmes
portent des cottes fort plissées et froncies par derrière. Mesme la
façon de laquelle elles portent leurs ceintures est plaisante, car
elles nouent leurs dictes ceintures par derrière et là y laissent
pendre jusqu'aux talons les bouts des dictes ceintures ou rubans.
Aussi portent-elles à leurs gorges des petits ouvrages d'un tissu
de fil appelées des *georgeasses* et ce pour les couvrir à la veûe du
monde. Il est vray que ce ne sont que les femmes du vulgaire qui
le facent et ce non plustot qu'elles ne soyent mariées. Donc, tandis
qu'elles sont filles, vous les voyez sans tels ornements, mais dès
le lendemain qu'elles se sont mariées, après s'estre faict coupper
tous les cheveux elles se couvrent le sein et à leur gorge mettent
le susdict tissu, rendant par là ces pauvres créatures quasi méconnaissables à leurs parens et à elles mêmes. Or, par telle cérémonie
elles ne prétendent signifier autre chose sinon qu'ayant eu le bien
de plaire à celuy qu'elles ont pour mary, elles veulent rejetter de
dessus elles, tout ce qui leur pourroit attirer les affections d'autrui.

Quant à ce qui est de la coëffure de telles femmes on l'appelle
sacotte. Or, comme les femmes et filles en usent indifféremment,
afin qu'on reconnaisse les unes d'avec les autres, les femmes portent la leur eslevée par le moyen d'un hocquet qu'on appelle *cerc*
et les filles le portent plat. Elles sont extrêmement propres et
surtout les villageoises qui se parent et se tiennent mieux ornées
(si vous voulez) que ne sont les damoiselles.

Façon de cultiver les terres et rapport du pays. Les paysans
marnent les terres, les bruslent et fument de bruyères après quoi
semans leur bled, iceluy ne produit point d'ivraie et demeure
aucunement noir.

Les millets viennent icy en très grande abondance et fort bien.
Il y en a de toutes sortes : masle et femelle ; rouge, gris, noir et
blanc. Il se trouve des endroits où l'on fait des tranchées de plus

de trois lieues parmi iceux. La récolte s'en fait sur le commencement d'automne. J'ay veu entre autres de gros millet d'Espagne ou de Bayonne, haut de dix ou douze pieds, dont l'on tire ces utilités de servir au bestail tant pour le pasturage que litière, du grain pour faire du pain de millet et milliasses, la tige pour des eschalats.

Il y a force vigne ; icelle cultivée comme en France dont le vin qui en provient est blanc et bon et meur comme il n'est ny fumeux ny malfaisant.

Le vignoble de Jurançou est le plus estimé de tous. Son vin est gris et il est d'autant meilleur que plus il a d'années sur la teste. Je l'ay jugé un peu fumeux.

Les vignes vergers ou hautins produisent un vin verd. En général le vin y est assez cher.

Il y a force fruits de toutes sortes et excellens. On y voit des forests entières de chasteiguiers. Les bois ny manquent point tant pour les bastiments que chauffage. Entre iceux le bois de Gelot (1) est remarquable. C'est comme qui diroit qu'il faut geler pour en.,.

Les Landes y sont fréquentes. Une partie d'icelles qui est entre Pau et Morlas s'appelle le Pont-Long. En hyver on y nourrit force trouppeaux lesquels pour lors retournent des montagnes pour y avoir tant de neiges en ce temps-là que l'herbe en est toute couverte et ainsy n'y peut estre rencontré du bestail. Aussy y engraisse t-on force porcs dont on en doit quérir la plus part du Quercy.

On y nourrit force volatiles, oyes, cocs d'Inde, poules et autres. Le pays est autant propre à la chasse que pays qui soit. Il y a des vallons charmans. Des mines de fer, de cuivre vers Bétharram dont il s'en decouvre encore de nouvelles chaque jour.

Les nourrissages sont des principales richesses du Béarn.

Il y a des paysans si riches qu'ils ont jusqu'à dix mille francs aux intérêts.

Gouvernement. Le Béarn est tenu en gouvernement comme l'une des provinces de France, de laquelle est gouverneur et, outre ce, vice roy de Navarre M. le Mareschal de Gramont, depuis la mort de M. de Gramont son père (2).

(1) Gelos, cⁿᵉ de Pau-Ouest.
(2) Antoine III de Gramont.

Il a aussi un seneschal qui est le viscomte d'Eschaux (1).

Les villes ont des jurats qui ont toute connoissance de la justice (2).

Pour le Pays il se gouverne par estats. Ceux qui y président et qu'on appelle autrement les quatre barons de Béarn dont l'evesque de Lescar, l'evesque d'Oleron, le baron de Bénac et celui de Louvigner (3).

Après ceux-cy la noblesse plus qualifiée est : le seigneur d'Albret ou Mioussens, celuy de Sansors, etc.

Pour le Roy il a des vassaux dans tous les villages.

Monnoyes. — Dans le Béarn, touchant les monnoyes, il y a quelque chose de particulier.

L'escu de Bearn autrement appelé escu ne vaut que dix sols.

Une targe et un sol est même chose. Baquette est une petite monnoye qui se fait à Morlaas dont il faut quatre pour un liard.

Armoiries. — Les Armoiries de Bearn sont deux vaches (4) et pourquoy.

Au reste de longtemps ça esté une souveraineté qui appartenait à des seigneurs particuliers. Mais l'an [1620] le Roy Henry II de Navarre et IV de France la possédant en propre l'a unie à la couronne de France pour n'en estre jamais plus séparée.

(1) Bertrand St Martin, vicomte d'Eschaux.

(2) Il y a beaucoup de réserves à formuler sur ce point et sur divers autres.

(3) A la tête de la noblesse figuraient les douze anciens barons et les quatre petits barons créés savoir : Moneins 1545, Lons 1593, Laas 1610, Mirepeix rétabli en 1611.

(4) D'or à deux vaches passant de gueules, accornées, accolées et clarinées d'azur.

TABLE

Pages

§ I — INTRODUCTION.

L'Auteur.. III
Son goût des voyages................................... III
Voyages en Gascogne, en Bigorre et en Béarn........... IV
Itinéraire du premier voyage.......................... V
Idtérêt et portée de son récit........................ V
Annotation du récit de Godefroy....................... X

§ II — VOYAGES DU BÉARN ET BIGORRE ES MOIS DE AOUST ET
SEPTEMBRE 1644.

Moissac.. 1
Lectoure... 7
Vic-Fezensac... 12
Morlaas.. 15
Pau.. 16
Nay.. 25
Bétharram.. 27
Vic-Bigorre.. 29
Tarbes... 3f
Montaner... 37h
Lembeye.. 37
Lescar... 38
Monein... 39

§ III — DESCRIPTION DU BÉARN AU MOIS DE FÉVRIER 1646...... 40

PAU, IMPRIMERIE VIGNANCOUR, PLACE DU PALAIS